쓰기로 마음먹은 당신에게

쓰기로 마음먹은 당신에게

나를 활자에 옮기는
가장 사적인 글방

양다솔 지음

프롤로그

답장을 주세요

✕

글방의 아름다움은 그 장소가 거의 무형이라는 것에 있다. 자신의 이야기를 글로 적은 사람이 둘만 모이면 그곳은 글방이 된다. 나는 그 투명하고 단단한 공간에서 10대 시절을 보냈다. 책을 펼쳐 보는 데에는 전혀 관심이 없었지만, 다음 주에 누가 무슨 글을 써올까 궁금해서 글방에 갔다. 빈손으로 갈 수는 없었기에 아무거나 써 갔다. 세상 누구도 내 이야기를 궁금해하지 않았고, 할 이야기는 언제나 넘쳐났다. 소리 없이, 매주 수요일 밤이면 서울의 후미진 방으로 A4 용지를 든 이들이 하나둘 뛰어 들어왔다. 종이들은 늘 갓 구운 빵처럼 따듯했다. 오늘은 몇 명이 나타날지 몰라서 항상 넉넉히

뽑게 되는 글들을 두 명에서 여섯 명 되는 친구들에게 한 부씩 나누어주고 한참을 말없이 읽기만 했다.

  글방의 글을 읽는 것은 책을 읽는 것과는 전연 달랐다. 그것은 아직 잉크가 마르지 않은 이야기였다. 한번 쓱 문지르면 번질 듯했다. 휘갈겨 쓴, 섣부른, 꿈틀거리는 문장들. 무언가 되려고 시도하지만 처절하게 실패하는 무엇이었다. 그것은 나와 꼭 닮아서 자꾸만 나를 건드렸다. 글방에서의 시간은 작가가 되기 위한 연습, 책을 쓰는 과정이라기보다 한 주간 맹렬히 삶과 싸운 누군가가 보고 들은 것들을 목격하는 일에 가까웠다. 글자들이 살아 있다 못해 그 자리에서 내가 그 사람의 삶을 겪는 것만 같았다. 누군가의 얼굴을 읽는 기분이 들었다. 우습고, 때로 하찮고, 어쭙잖은 글들이 나의 영화이자 만화이자 드라마였다. 그사이 이야기가 무르익고 우리가 자라고 있음을 몰랐다. 서로의 작가가 되고 독자가 되었음을 몰랐다.

  나는 그렇게 몇 명의 동료만 나에게 주어진다면, 매주 글방에 갈 수 있다면, 평생을 쓸 수도 있겠다고 생각했다. 또 다른 실패나 아름다움을 맞닥뜨릴 때마다 다음 주 글방이 오기만을 기다렸다. 말하면 날아갈까 봐 입을 꾹 다물고 집에 돌아와 글로 썼다. 내 글을 읽은 글방 사람들이 고개를 끄덕이면, 무어라 말하면 그제야 그 순간들이 온전히 지나갔다. 슬픔이라는 단어를, 사랑과 행복이라는 단어를 쉽게 쓰지 않는 어른이 되었다. 괜찮다고, 잘 지낸다고 얼버무리지 않는 사람이 되었다. 가능하다면 가장 길고 구구절절한 자기소개를, 이전에 한 번도 쓰인 적 없는 언어를 내 마음에 주는 일에 지극한 관심이 생겼다. 난생처음 책을 출간하게 되었을 때, 나는 글방에 매주 글을 써가던 마음 말고 달리 어떤 것을 가져야 할지 몰랐다. 작가의 마음으로 글을 써야 한다면 나는 한 글자도 더 쓸 자신이 없었다. 그저 책상 앞에 '나는 글 쓰는 사람이다'라고 적어 붙여두었다. 작가가 된 것은 딱 그 쪽지 한 장만큼의 변화였다.

시간이 흘러 나는 웃기는 글방을 열게 된다. 이름하여 '까불이 글방'. 소개는 이렇다. '나는 까불 테니 너는 글을 써라!' 이름은 우습지만 일주일에 한 번 글을 쓰지 않으면 출석할 수 없고, 지각을 했다간 성대모사를 해야 하는 무시무시한 곳이다. 글방 신청란에는 '무엇이든 지기가 하자는 대로 따를 준비가 되셨습니까?'라는 질문이 있고 그에 대한 답에는 두 가지 선택지만이 있다. '네, 그러겠습니다'와 '그러기 위해 태어났습니다'. 나는 사람들을 모아놓고 다음 주까지 글을 써오지 않으면 큰일이 날 것처럼 불호령을 내렸다. 그리고 집에 돌아와 덜덜 떨었다. 사람들이 전부 도망가면 어쩌지. 나도 쓸 때마다 새롭게 글쓰기가 무서운데, 사람들은 어련할까 싶었다. 나도 모르게 편지를 쓰기 시작했다. '아까 그건 장난이고, 정말 꼭 글을 쓰시면 좋겠어요.' 거짓말처럼 다음 주에 사람들이 나타났다.

한 번이겠지, 하고 시작한 것이 벌써 몇 해가 되었다. 편지가 책처럼 쌓일 만큼 시간이 흘렀다. 어느샌가 나는 편지를 쓰는 사람이 되어 있었다. 일주일에 한 번 누군가에게 간곡하게 글을 청하는 편지를 쓰고, 그것에 과분한 만큼의 답장을 받고 있었다. 생각지도 못한 천직을 찾은 기분이었다. 며칠을 한 글자도 못 쓰고 있다가도, 이 편지를 쓰려고 앉으면 하나도 힘이 들지 않았다. 마치 노련한 일수꾼처럼, 한 시절을 바친 연인처럼, 지치지 않는 치어리더처럼 다음 글을 요구하고 있었다. 내가 글쓰기에 대해 가르쳐줄 것이 없다는 것을 편지를 쓰던 첫날부터 알고 있었다. 그저 누구보다 당신의 글을 기대하고 기다릴 자신만이 있었다. 나는 단 한 명의 독자만 있어도 시작될 수 있는 이야기가 있음을 알고 있다.

모든 이야기는 초고에서부터 시작한다. 그것은 순도 100퍼센트의 용기로 구성된다. 그 서투름과 아쉬움을 감당할 수 없는 사람은 결국 입을 떼지 못하고 만다. 결과적으로 어떤 이야기도 세상에 태어나지 못한다. 그렇다고 해서 그 사람에게 이야기가 없는 것은 아니다. 수많은 사람들과 함께 글을 쓰면서 깨달은 사실은 모두 하고 싶은 이야기가 있다는 것이다. 누구도 묻지 않았고, 아직 쓰이지 않았을 뿐이다. 똑같은 주제를 두고 써도 누구 하나 같은 글을 쓴 것을 본 적이 없다. 특별히 독창적이려고 노력할 필요가 없다. 모두 그저 자신에 대해 쓰면 된다. 누구도 자신이 진정 어떤 사람인지, 어떤 이야기를 가졌는지, 어디까지 이야기할 수 있는지 쓰기 전까지는 알지 못한다. 마치 내일을 알 수 없듯이 다음 문장은 모두에게 공평히 새로운 세계다. 삶은 계속해서 이야기될 것이다. 뭐라 이름 붙이기 어려운 여러 순간이 우리를 스쳐 갈 것이다. 그중에 기억하고 쓰이는 몇 가지 순간만이 우리 안에 머물 것이다. 이렇게 눈을 크게 뜨고 있는데 인생이 어떻게 말없이 지나갈 수 있겠는가. 계속해서 이야기하는 사람이 어떻게 외로울 수 있을까.

　내가 세상에서 가장 좋아하는 공간을 나와 당신 사이에 두려 한다. 이 책을 펼치는 순간 우리 사이에는 가상의 글방이 형성된다. 보이는가? 어느새 나와 당신을 부드럽게 감싸고 있는 이 투명한 허물이. 이곳에서 우리는 쓰기로 마음먹는다. 더도 덜도 말고 일주일에 한 편씩 말이다. 일주일이 짧다고? 알고 있다. 하지만 한 달도, 1년도, 인생도 글 한 편을 쓰기에는 짧다. 당신이 쓰기에 대해 알아야 할 첫 번째 속성은, 어떤 시간도 쓰기에는 짧다는 것이다. 결국 돌고 돌아 일주일이 최적임을 깨닫게 될 것이다. 뭐 이렇게 박 터지게 쓰냐고? 쓰는 것은 사는 것만큼 만만찮은 일이다. 운동이고 습관이고 태도다. 마음먹은 이상 많이 써야 한다. 잘 쓰거나 못 쓰거나 하는 문제는 그 다음이다. 무엇이든 써도 좋다. 글감은 그저 하나의 제안일 뿐. 당신은 언제든 뚱딴지같은 답을 늘어놓아도 좋다. 분량도 상관없다. 중요한 것은 약속한 대로 쓰는 것뿐이다. 당신과 내가 모여 일주일에 한 편씩 글을 쓴다면 무슨 일이 일어날까. 나는 약속한다. 아무 일도 일어나지 않을 것이다. 그리고 모든 것이 바뀔 것이다.

　쓰기를 앞둔 당신에게 딱 두 가지를 주문하고 싶다. 첫째로, '우리만의 비밀 쪽지를 씁시다'. 좋아하는 종이를 골라 '나는 글 쓰는 사람이다'라고 쓴다. 작가라고 한 것도 아니고, 글을 '잘' 쓴다고 한 것도 아니니 누구도 죄를 묻지 않을 것이다. 그것은 사실이자 주문이다. 그 문장을 책상 앞에 붙이는 것으로 첫 번째 주문은 끝이다. 대단히 잘 보이는 곳이 아니어도 좋다. 단지 쓰려고 앉았을 때 가끔 눈이 마주치는 위치면 된다. 우리가 글방을 시작한들 세상에는 어떤 변화도 없다. 책상 앞에 붙은 작은 쪽지. 그것이 유일한 증거가 될 것이다. 하지만 그 쪽지만 한 마음으로도 누군가는 작가가 된다.

   나는 당신이 어디 사는 누구인지 전혀 관심이 없다. 그저 당신이 다음 주에 쓰게 될 글에만 관심이 있다. 언젠가 그 글들이 시간을 넘고 장소를 넘어 나에게 닿기를 기다리고 있다. 그러니 어깨를 가볍게 하고 다음 두 번째 주문을 필히 따라주기를 바란다.

   '저에게 답장을 주세요.'

차례

프롤로그 답장을 주세요 (4)

1부 ‡ 나라는 사람
삶을 활자에 옮기는 연습

모든 이상한 것들의 무대	(17)
비비언 고닉도 쓰고, 나도 쓴다	(24)
쓰기 전엔 없는 순간	(34)
내 돈은 다 어디로 갔을까	(42)
가장 구체적인 삶의 증거	(48)
그 입장에서만 보이는 것	(56)
먼 곳을 향해 쏴라	(64)
비밀 쪽지 │ 초고를 완성하고 싶은 당신에게	(70)

2부 ‡ 감정
기쁨과 슬픔에게 보내는 연서

도망친 곳에 천국은 있다	(81)
폭발 3분 전!	(90)
빈 문서 너머의 얼굴	(96)
인생이라는 실험실	(106)
서로 그늘을 내어줄 때	(114)
하나뿐인 언어로 쓰인 고백	(120)
비밀 쪽지 │ 휴가를 맞이한 당신에게	(127)

3부 ‡ 관계
내가 사랑했던 모든 이름에게

딱 한 문장을 위한 ARS 찬스 〔 133 〕
작가는 누구나 엄마를 쓴다 〔 138 〕
정말 할 말이 없는 걸까? 〔 144 〕
타인이라는 바다로 입수하기 〔 152 〕
일하는 당신 〔 160 〕
이토록 훌륭한 조력자 〔 168 〕

| 비밀 쪽지 | 퇴고 방법이 궁금한 당신에게 〔 175 〕
퇴고 체크리스트 〔 185 〕

4부 ‡ 장소와 사물
그곳에는 내가 묻어 있다

내 '집'보다 내 '글' 마련 〔 191 〕
절망 속에서 탄생한 것 〔 200 〕
그 지붕 아래에서 〔 206 〕
할머니는 MP3다 〔 214 〕

| 비밀 쪽지 | 쓰기에 실패한 당신에게 〔 219 〕

5부 ‡ 시절과 순간
자꾸만 돌아보게 되는 장면들

삶의 표식	〔 227 〕
거짓말이 진짜입니다	〔 234 〕
어린 시절이라는 보물상자	〔 240 〕
일인분만큼의 정직	〔 248 〕
언어의 우물을 채우자	〔 256 〕
이제 막 쓰이는 중	〔 264 〕
불행은 구체적이다	〔 270 〕
비밀 쪽지 │ 계속 쓰려는 당신에게	〔 278 〕

6부 ‡ 실험적 글쓰기
형식 만지작거리기

당신이라는 신화	〔 287 〕
왜 어떤 일은 사건이 될까	〔 296 〕
푸념이 모든 것이다	〔 304 〕
아주 가만한 글	〔 312 〕

에필로그　편지를 쓰는 직업	〔 320 〕

1부 ‡ 나라는 사람

삶을 활자에 옮기는 연습

﹝ 이 주의 글감 · 이상하고 아름다운 너 ﹞

모든 이상한 것들의 무대

여러분, 안녕하세요! 어쩌다 흘러 흘러 쓰기의 세계에 도달하셨는지, 이 세상의 수많은 세계 중에서 어찌 이런 이상한 세계에 흘러드셨는지요. 고개를 들고 보니 참 많은 일들이 벌어지고 있습니다. 그렇죠? 참다운 봄을 맞이하고 계시네요. 책을 편 여러분은 앞으로 전에 없던 많은 것들을 피워낼 테니까요. 우리가 피우게 될 꽃은 이제부터입니다. 우리가 매년 당연하게 만나는 꽃들도 1년 내내 열심히 준비해서 있는 힘껏 피워낸 결과이겠죠. 무엇을 피워낼지 함께 기대하는 마음으로 씨를 뿌려봅시다.

여러분이 지금까지 어디서 무얼 하던 분이시든지 상관

없습니다. 여러분은 이제 일주일에 한 번, 이야기를 하는 사람이에요. 여기, 여러분의 이야기를 목 빠지게 기다리는 사람이 있습니다. 해도 되고 안 해도 되는 그런 개념이 아니에요. 여기는 여러분의 이야기가 '필요'합니다. 제가 드리고 싶은 말씀은 이거예요. 모든 고민을 미뤄라. 살아야 할지 말아야 할지도 나중의 일이다. 당신은 그저 써야 할 뿐이다.

어쩌면 가장 무용한 일이 아닐까 생각합니다. 빈 종이에 한 문장씩 채워 넣는 그것이요. 그게 지금 당장 밥을 줍니까, 세계 평화를 줍니까. 그런데 그 한 문장 쓰는 데는 정말 많은 노력과 시간이 필요하잖아요. 재미있는 것은, 이 무용한 것을 함으로써 내 삶의 모든 것이 유용해진다는 사실입니다. 저는 쓰기만큼이나 삶을 유용하게 만드는 일을 찾지 못했어요. 이전에는 '좋은 결과를 만들어내는 시간'만이 중요한 순간, 필요한 순간이라 여겼습니다. 그런데 쓰기를 시작하니 삶의 모든 순간이 필요해졌습니다. 아무것도 하지 않고 멍 때리는 순간, 후회하고 자책하는 순간, 다음 쇼츠 영상을 보기 위해 손가락을 올리는 순간, 누군가에게 거절당하고 배제되는 순간, 도전을 실패하는 순간, 누군가에게 상처를 주고 나조차 스스로를 외면했던 순간까지도 중요합니다. 세상이 '가치 없다'라고 부르는 모든 순간의 무대, 그것이 바로 쓰기의 세상이거든요.

어떤 이야기에서 주인공이 목적을 단숨에 매끈하게 이뤄내는 걸 본 적이 있나요? 그건 '이야기'가 되지 않습니다. 삐끗한 순간부터 이야기가 시작되죠. 어떤 주인공이 아무런 결함 없이 완벽한 인물이라면 이야기가 시작되나요? 아뇨. 매력적이지만 치명적인 오점이 있는 주인공이 이야기를 만듭니다. 이야기의 심장은 바로 이상함인 것이죠. 여러분이 숨기려 했던 약점, 군더더기, 흉이 글의 세계에서는 전제로 작동합니다. 오히려 그것이 너무나 유일무이하고, 대체 불가능한 그 사람의 아름다움이 되기도 합니다.

시와 산문 사이에서 좋은 것만을 건져 올리는 작가 메리 루플의 〈가장 별난 것〉이라는 글 속에서는 한번 편지를 썼다 하면 8미터 길이의 편지를 보내는 이모 '미엘'에 대한 이야기가 등장합니다. 이모는 글자를 배우기 시작한 어린 시절부터 작은 종이와 몽당연필 앞에서 울음을 터뜨렸다고 해요. 작은 종이에는 글자를 쓸 수 없었기 때문입니다. 그녀에게 편지를 받는 목요일이면, 거대한 편지 뭉치를 집 앞 길목에 펼쳐놓아야만 했습니다. 어머니는 공동주택의 지붕 위에 올라가 편지를 읽기 시작했고요. 어린 아이였던 루플은 이모가 쓴 거대한 글씨 중에서도 O이라는 글자 안에 쏙 들어가 있기를 좋아했습니다. 언니는 T를 좋아해서 양팔을 뻗고 그 위에 누워 지붕 위의 엄마를 바라보았다지요. 너무 큰 편지라 보관할 수 없어 읽은 뒤에는 화덕에 넣어 태워 버리고 말았지만, 작가에게 목요일은 늘 행복한 날이었고 미엘 이모의 편지는 평생 잊을 수 없는 편지였다고 합니다.

 세상에 이런 편지를 쓰는 사람이 어디 있을까요. 그게 진짜 있었던 일이든, 작가의 상상이든 그 장면을 그려보는 것만으로도 저는 너무나 아름다운 꿈을 꾼 것만 같은 기분이 듭니다. 이런 일을 실제로 겪었다고 생각해보세요. 이 이모는 정말 이상하다, 조금 언짢은 기분을 느낀 뒤에 고개를 털어버리고 말겠죠. 다 자란 뒤에는 기억조차 하지 못할 것입니다. 하지만 이것을 적어서 이야기로 만들고 보니 세상에 둘도 없는 이야기가 되었잖습니까….

 현실의 미엘은 어쩌면 이 글에서 나오는 것처럼 마냥 특별하고 아름다운 존재가 아니었을지도 모릅니다. 글자를 저렇게 거대하게 밖에 쓸 수 없다면, 아름다운 일보다는 불편한 일들이 많았겠죠. 하지만 글 속에서의 미엘은 그 자체로 완전합니다. 종이를 구하는 것도 쉽지 않았던 시절, 꼭 하고 싶은 이야기를 몇 문장 하기 위해서 종이를 구하러 다니고 그것을 이어 붙이는 미엘은 어느 모로 보아도 참 별나고,

사랑스럽습니다. 이런 사람을 어떻게 당해낼 수 있을까요? 메리 루플이 쓰지 않았더라면 미엘이라는 존재는 있었던 것 같지도 않게 잊혀졌을지도 모르지요. 그런데 어쩌면 이런 것이 삶의 가장 보물 같은 순간이 아닐까요. 저는 이 짧은 글을 읽으며 미엘에게 약간 질리고, 완전히 사랑에 빠져버렸거든요.

'나의 이상함은 흠이 아니라, 그저 재미있는 이야깃거리일 뿐이다.' 저는 그걸 알게 된 순간부터 글을 쓰는 것을 좋아하게 되었습니다. 그리고 동시에 저라는 이상한 사람을 훨씬 더 잘 받아들이게 되었어요. 이상한 것들을 좋아하게 됐습니다. 책 속에는 세상에서는 찾아보기 힘든 이상한 사람들이 정말 많습니다. 웬만한 이상함으로는 승부도 볼 수 없어요. 그래서 마음껏 까불어볼 수 있습니다.

중요한 것은 이상함은 자세히 보아야 발견되는 것이며, 자세히 보는 일은 그것을 애정하는 마음 없이는 할 수 없다는 것입니다. 어쩌면 이상한 사람이란 내가 가장 오래 들여다본 사람이라고도 할 수 있을 것입니다. 나의 이상한 점도 마찬가지예요. 나 스스로 자세히 봐주지 않으면 발견할 수 없습니다. 저는 누군가를 자세히 보았을 때, 그 사람의 이상한 점을 찾지 못했던 적이 단 한 번도 없었던 것 같아요. 모두가 조금씩 이상합니다. 특히 제가 사랑하는 사람들은 죄다 이상합니다. 저는 그 사람을 아주 먼 곳에서도 단번에 구분할 수 있어요. 그 사람은 저에게 절대로 대체될 수 없는 사람입니다.

여러분에게도 그런 사람이 있나요? 단 몇 줄로 소개될 수 없는, 정말 이상한 사람. 별난 사람. 이 세상에 있기에는 조금 걱정스럽고 다소 안타깝지만, 지면 위의 이야기가 된다면 그 어떤 과장도 필요 없이 완벽한 주인공이 될 사람. 너무나 고유한 아름다움으로 빛날 사람. 그런 사람이 한 명은 있을 겁니다. 주변에 그런 사람이 있는 사람만이 글 쓰는 이가 되거든요. 당신은 분명 그런 눈을 갖고 있어요. 누군가의 이상한 아름다움을 놓치지 않을 겁니다. 세상에 이런 사람이 존재한다는 사실을 알리고 싶은, 제대로 설명하고 싶은, 자꾸만 새로운 언어를 발명하게 만드는 이상한 타인이 분명 있을 겁니다.

그런 이야기를 읽다 보면, 이상하게도 '이런 사람이 사는 세계에 살고 싶다' 하는 생각이 들더라고요. 나는 나대로 아름답게 이상해져야겠다, 계속해서 무럭무럭 이상해져야겠다, 그리고 그 모든 순간이 유용하도록 글을 써야겠다, 그렇게 생각하게 됩니다. 그리하여 다음 주까지 써올 글의 주제, 우리의 첫 번째 글감은 '이상하고 아름다운 너'. 여러분의 첫 마감을 응원합니다!

첫 답장을 기다리며,
양다솔 드림

[이 주의 글감 · 홀로인 시간]

비비언 고닉도 쓰고, 나도 쓴다

또 오셨군요! 여러분의 글을 기다리고 있었어요. 저로 말할 것 같으면 알고 보니 대한민국 최고의 글방이었다는(?) 곳에 다년간 몸담은 자, 수많은 훌륭한 동료들과 글쓰기를 훈련한 노련한 자, 어느덧 3+α권의 책을 출간한 자, 이제는 여러분의 글을 세상 누구보다도 기다릴 독자. 덕분에 여러분과의 만남을 기대하며 저도 처음 글을 쓰러 갔던 시간을 떠올려봤는데요. 정말이지 기억이 잘 안 나더라고요. 그러니 지금 이 기분을 잘 기억해두세요. 왜냐하면 여러분이 잊지 말아야 할 단순한 진리 몇 가지가 이 안에 있거든요. '하나, 모두 자기 글에만 관심이 있다. 둘, 돌아서면 잊는다'입니다. 이제부터 너무 깊이 생각하지 마세요. 쓰기로 한 이상 바삐 놀려야 할 것은 머리가 아닙니다. 그저 손을 부지런히 움직이세요. 두리번거릴 시간에 한 글자라도 더 쓰라고요! 아시겠어요! 기억하세요, 우리는 이제 '나'라는 세계와 대면할 겁니다.

    하루라도 글자를 안 보고 사는 날은 없을 겁니다. 인간의 세계는 언어로 구성되어 있으니까요. 카톡, 뉴스, 메일, 하물며 오늘 주문하면서 본 메뉴판까지 우리는 쉼 없이 읽고 듣고 말하고 쓰지요. 그럼에도 글을 쓰려고 앉으면 왜 꼭 처음 하는 일처럼 느껴질까요? 매일 쓰던 익숙한 언어인데 왜 이다지도 다르게 느껴지는 것일까요. 귀로 들은 이야기와 눈으로 읽은 이야기, 말로 한 이야기와 글로 쓴 이야기가 각각 너무도 다른 모양과 깊이를 가지는 듯합니다. 귀로 들은 이야기는 찾아온 만큼 쉽게 머릿속을 떠나버리는 것 같아요. 한 귀로 듣고 한 귀로 흘린다는 말이 있는 것처럼요. 눈으로 훑은 이야기도 며칠만 지나서 다시 읽어보면 마치 처음처럼 낯설어 보이곤 합니다. 잊고 싶지 않은 문장을 따로 메모장에 적어두는 것은 그 이유 때문이겠죠.

    저는 때로 방금 들은 이야기를 까먹고 싶지 않아서, 겪은 일을 오래 기억하고 싶어서 입으로 직접 되풀이해보기도 합니다. "오늘 내가 이런 이야기를 들었는데…." 처음부터 그 이야기를 잘 말할 수 있다면 좋겠지만, 아닌 경우도 있어요. 머릿속에서는 분명 잘 정리됐던 이야기가 마치 처음 걸음마를 떼는 아기처럼 엉성한 단어로 비틀거리는 거죠. 말을 더듬고, 이야기는 끊기고, 중요한 부분이 숭덩 생략돼버리고 마는 거예요. '틀림없이 이것보다 더 생생하고 구체적인 이야기였는데…' 그제서야 아직 이 이야기를 완전히 이해하지 못했다는 것을 알게 됩니다.

혹은 그 이야기로부터 내가 완전히 분리되지 못했다는 것을 알게 되기도 합니다. 사건이 내 몸에 껌처럼 딱 달라붙어 있어서 그 이야기만 떼어 말하려 해도 살갗이 같이 떨어질 것 같은 기분이 드는 것이죠. 어디서부터 이야기를 시작해야 할까. 어떻게 이야기와 나를 분리하고, 이야기가 독립적으로 설 수 있을까 하는 고민이 시작됩니다. 처음으로 말해본 이야기는 실패했을 수도 있지만, 그럼에도 한번 입으로 복기해본 것만으로 이야기는 조금 더 선명한 이미지로 머릿속에 기억됩니다.

말은 물처럼 유연합니다. 어디서든 시작해도 되고, 어딘가는 얼렁뚱땅 넘어가도 되고, 극적인 구간에서는 목소리를 높이고, 재미있었으면 하는 부분에서는 우스꽝스러운 목소리를 낼 수도 있죠. 두서없이 시작해도, 맥락이 없어도, 그럴듯한 결론이 없어도 자연스럽습니다. 내가 하고 싶은 이야기를 말로 풀어본 것만으로도 이야기의 전반을 파악하게 됩니다. 어떤 부분이 가장 재밌는지, 어떤 부분이 설명하기 어려운지를요. 이만큼 정확한 진단이 없어요. 유연하고 말랑한 초고를 입으로 써본 것과 같죠. 그렇지만 아무리 신나게 말로 이야기한다고 해도 그것은 휘발되고 맙니다.

    쓰기는 언어에서 가장 단단하고 구조적인 영역이라고 할 수 있습니다. 글은 핍진해야 하지요. 구성과 구조를 갖고 있어야 합니다. 앞뒤 문장이 서로 돕고 있어야 하고, 하고 싶은 이야기의 방향으로 나아가야 하며, 맥락과 논리적 구조를 갖고 있어야 합니다. 사실이 맞는지 의심되는 문장을 쓰면 작가는 신뢰를 잃고, 한번 시작한 이야기는 대단한 교훈이 아닐지라도 잘 맺어져야 합니다. 같은 이야기를 생각만 하는 것을 기체, 말하는 것을 액체라고 한다면 쓰기는 고체라고 할 수 있죠. 만약 우리가 생각을 거듭하고, 그것을 말하면서 되새겨본다면 이내 쓰기 시작할 수 있을 것입니다.

    글은 어떤 것을 자신의 언어로 단단하게 직조하는 일 같습니다. 내가 정말 그것을 잘 알고 있는지, 내가 정말 그 이야기로부터 분리되어 있는지 글을 쓰면서 알게 됩니다. 그것이 무엇이든 한번 글로 쓴 것은 잘 잊을 수가 없어요. 듣고 읽는 것이 먹는 행위라면 말하고 쓰는 것은 소화의 단계이죠. 쓰면 쓸수록 더 많이 말하게 되고, 더 많은 언어가 필요하게 됩니다. 그렇게 쓸 수 있는 언어가 넓어지는 만큼 보이는 세계가 더 넓어진다면 그것은 저만의 착각일까요. 때로 어쩌면 언어가 모든 것이 아닐까 생각합니다. 우리는 언어 안에서 스스로를 옥죄일 수도, 자유롭게 할 수도 있어요.

그러니 글로 쓰기 어렵다면 한번 말을 해보세요. 같은 이야기를 열 번 말할 수 있다면 한 편의 글이 될 수 있을 겁니다. 말로 잘 할 수 없는 이야기를 글로 쓸 수 있을 리가 만무하니까요. 말이 술술 풀려간다면, 그대로 말하듯이 문장을 써나가보셔도 좋아요. 이야기가 술술 이어지게 되면, 거기에 더해 신나게까지 말할 수 있게 되면 나머지 일은 손과 엉덩이가 하게 됩니다. 글은 오늘이 처음일지라도, 우리는 평생 말하고 살아왔잖아요. 나의 말투는 오랜 시간 만들어진 나만의 쪼, 분위기, 뉘앙스가 있습니다. 어쩌면 말하듯 쓰는 것이 나만의 개성과 매력을 가장 잘 살리는 길이죠. 문장을 쓴다는 생각으로 딱딱해지지 말고, 평소 나의 어투와 습관, 버릇을 한껏 살려 그대로 써보세요. 혼잣말이어도 좋습니다. 때로 내 말을 가장 잘 들어주는 사람은 나잖아요.

여러분은 혼자 있는 시간을 좋아하시나요? 누군가는

무엇과도 바꾸고 싶지 않은 귀한 시간일 수 있고, 누군가는 형벌처럼 느끼기도 하겠죠. 이번 주제는 '홀로인 시간'입니다. 혼자 있는 시간이 나에게 어떤 의미인지 한번 살펴보세요. 혼자인 나를 혼자인 내가 조금 멀리서 바라보는 거죠. 좀 새로울 것 같지 않나요? 그 어느 때보다 여러분이 혼자인 시간을 꼽자면 아마 글 쓰는 시간이겠죠. 사람들과 함께 있다가도 언젠가는 방문을 닫고 앉아서 쓰기 시작해야 하니까요. 이 편지를 읽고 있는 순간에도 여러분은 혼자 있을 것입니다. 혼자 사는 사람도 있고 누군가와 같이 사는 사람도 있겠지만, 사람은 결국 혼자죠. 고독합니다. 물론 혼자 있는 것과 고독은 조금 다르죠. 때로 말이 통하지 않는 사람과 함께 있을 때 더욱 고독해지기도 하니까요.

저는 고독이 때로 실제로 아프다는 것을 알고 있습니다. 저의 주적은 늘 외로움과 고독이었습니다. 덩달아 아주 고독한 직업을 갖게 됐습니다. 그래서 이렇게 여러분께 편지를 쓰고 있는 것일지도 몰라요. 아무래도 누군가 제 인생에 장난을 쳐놓은 것 같습니다. 도무지 해결 방법을 찾을 수가 없습니다. 고독과 잘 지내는 날이, 제 인생이 출세하는 날일 거예요. 매 순간 사무치는데도 고독이라는 것에 대해 제대로 써보지도 못합니다. 한마디로 뼈도 못 추리고 있는 것이죠!

그런데 여기, 어딘가에서 온 빼어난 산문가가, 마치 제 몸에 들어갔다 나온 것처럼 제가 느꼈던 그 고독의 장면을 너무나 정확하게 묘사하고 있습니다. 저는 온몸에 힘이 풀렸습니다. 아… 누가 벌써 써버렸군, 이렇게나 잘…. 그리고 전의를 상실한 저는 친구에게 메시지를 보냈습니다. "틀렸어. 이미 썼어. 훨씬 잘 썼어. 난 쓸 필요가 없어." 그러자 그 친구가 말했습니다. "당연한 일이야. 웬만한 작가들은 다 우리보다 잘 써." 저는 생각했습니다. '제기랄.' 그리고 그냥 앉아서 제가 쓸 수 있는, 비비언 고닉보다 훨씬 못 미치는 글을 쓰기 시작했죠. 그런데 완성된 글은 정작 고독에 대한 이야기가 아니었습니다. 정확히 말하면 비비언 고닉의 글과는 달랐습니다.

사실 제 글하고 비비언 고닉하고 아무 상관이 없습니다. 중요한 것은, 비비언 고닉이 고독이라는 장면을 이토록 명확하고 생생하게 채집해버렸을 때 제가 굉장히, 눈을 크게 뜰 정도로 놀랐고 그와 동질감을 느꼈으며 위로라고 하기에는 조금 더 큰 단위의 힘을 받았다는 것입니다. 웃기지 않나요? 제가 만난 것은 비비언 고닉도 아니고, 그냥 글자일 뿐인데 말이죠. 남이 고독해서, 마찬가지로 고독하게 그것을 담아낸 것으로 제 고독함이 조금 덜어졌다니요. 여기서 중요한 것은, 그녀의 글이 뺏을 수 없을 만큼 구체적이었다는 것입니다. 저는 사람들의 삶에는 모두 각자의 걱정, 번뇌, 그리고 고독이 있다고 생각합니다. 고독하지 않은 사람은요, 솔직히 좀 재수 없습니다. 다만 고독은 각자의 삶에서 다른 모양으로 존재할 것입니다. 어떤 사람의 고독은 작고 귀여운 돌멩이 같고, 어떤 사람의 고독은 문진처럼 조금 묵직하고, 어떤 사람의 고독은 그 사람을 깔고 앉을 만큼 거대하겠죠.

결국 누구도 대신 살아줄 수 없고, 누구도 대신 써줄 수 없고, 누구도 대신 아파해줄 수 없습니다. 그것이 사실이고, 때로 무척 다행이고 또 비극적이기도 합니다. 그리고 그래서, 우리가 계속 쓸 수 있는 것 같습니다. 비비언 고닉도 쓰고 양다솔도 쓰고 여러분도 쓰는 것이죠. 우리는 저마다 다르니까요. 혼자니까요. 좌우지간, 너무 많은 것을 바라지 마십시오. 무엇보다도, 누군가를 닮겠다는 생각은 과감히 버리세요. 그럴듯한 누군가를 따라하지 마세요. 그건 우리가 다르다는 유일한 점마저도 사라지게 하니까요. 비비언 고닉이 고독에 대해 쓰기 위해서 얼마나 오랜 시간 그 주위를 맴돌았을지는 아무도 모르는 일입니다. 다만 그녀가 고독을 쓰기 위해 얼마나 멀리, 얼마나 깊숙이 갔을까, 그러면서도 가끔 그곳에서 벗어나는 순간에 그것을 쓰려 했을까 상상해보게 됩니다.

부지런히 출발해야 합니다. 내가 '나'가 되는 데에도 시간이 필요하거든요. 낯선 곳에 처음 갔을 때 적응의 시간이 필요하듯, 글의 세계에 적응할 시간이 필요합니다. 쓰기 시작한 첫날부터 나만의 목소리를 낼 수 있다면 쓰기를 연습할 필요도 없겠죠. 이곳에서의 시간이 쌓이고 쌓여, 몸과 마음이 충분히 긴장을 풀었을 때, 빈 문서와 조금 가까워졌다고 느꼈을 때 우리는 더욱 편하게 문장을 뻗어낼 것입니다. 너무 잘 쓰려고 애쓰지 마세요. 몸에 힘을 주면 물에서 가라앉는 것처럼 빈 문서 위에서도 꼬로록 가라앉을 수 있으니까요. 심호흡하고, 준비운동 하듯 어떤 문장이든 써보세요. 머릿속에 휘몰아치는, 혹은 어떤 선명한 한 줄기 생각이 있다면 입 밖으로 꺼내보세요. 어떤 이야기든 좋습니다. 가장 편한 말투로 첫 문장을 써넣어보세요. 마치 빈 문서가 나에게 이렇게 물은 것처럼요. 무슨 일이야. 뭐든 말해봐.

빈 문서는 우리의 친구,
양다솔 드림

(추신)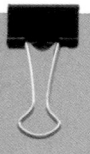

이 세상에 나 홀로인 것 같은 순간, 여러분은 무엇을 하나요?

[이 주의 글감 · 차라리 농담이면 좋겠어요]

쓰기 전엔 없는 순간

아아, 편지를 펼치고 마셨군요. 아마도 어떤 모종의 의지들이 여러분의 손가락 끝으로 모여 이 편지에 닿으셨겠지요. 글을 써보라고 떠민 친구의 말, 좋아하는 작가의 문장, 오랜만에 펼쳐본 일기장…. 분명한 것은 글을 쓰고자 하는 마음은 하루아침에 생기지 않는다는 것입니다. 글을 쓰지 않았던 지금까지의 수많은 날들 곳곳에 그 마음이 흩날려 있을 거예요. 그것이 차곡차곡 모여 오늘에 이르렀을 것입니다. 저는 그런 여러분을 환영해요. 이왕이면 지금 두 팔을 벌려 여러분을 한번 꼭 안아드리고 싶습니다.

대뜸 왜 사람을 안고 그러냐고요? 기다려보세요. 나중

에 생각납니다. 앞으로 힘들 거거든요…. 이거 은근 효과 있다니까요. 지금 마음은 뭐든 해낼 수 있을 거예요. 책 한 권쯤은 뚝딱 써낼 수 있다는 자신감이 들겠죠. 아마 분명 그럴 겁니다. 그런데 가끔 뜻대로 안 될 때가 있을 거예요. 바로 그럴 때 여러분을 이렇게 안아드리려고 저는 이 편지를 쓰고 있습니다. 분명 내가 쓰는 것인데 문장이 제멋대로 굴 때, 하루 종일 앉아서 한 글자도 못 썼을 때, 내가 쓴 글이 완전히 망작이라고 느껴질 때 제 편지를 찾아주세요. 우리는 그때마다 다시금 가상-포옹을 하는 것입니다. 대책을 세워줄 것이지 왜 자꾸 안고 그러냐고요? 사실요… 대책이 별로 없습니다. 그저 언제든 오시면 안아드릴 테니 다시 돌아가서 쓰세요.

쓰기로 마음먹었다면 가장 먼저 무얼 해야 할까요? 바로 쓰는 것입니다. 지지 않고 쓰는 것이에요. 일단 마음을 먹은 순간 세상 모든 것이 달라 보이기 시작할 것입니다. 가만히 있던 다리가 저려오고, 배는 주려오고, 세상 모든 것이 재미있어 보이기 시작할 겁니다. 하지만 마음먹은 이상 지지 맙시다. 핸드폰이 울려도, 한파가 내려도, 역병이 돌아도 지금 당장 앞에 있는 한 글자를 노려봅시다. 여러분은 쓰기로 마음먹었으니까요.

그런 의미에서 여러분의 답장을 받는 일은 제게 영광입

니다. 100마디 자기소개보다 한 편의 글이 그 사람을 더 잘 알 수 있다고 생각하거든요. 자칫 당연하게 여겼을 여러분의 보이고 보이지 않은 고생들에 박수를 보냅니다. 지금처럼 귀한 손님에게 정성스럽게 차리는 한 상처럼 글을 써 주세요. 쓰고자 마음먹었지만 막상 쓰는 것은 생각만큼 쉽지 않았죠? 다 쓴 글을 보고 사족을 붙이고 싶었을지도 모릅니다. "평소에는 훨씬 더 잘 쓰는데 제가 긴장해서….”

하지만 어제의 글이 내 마음에 들었든 안 들었든, 너무 개의치 마세요. 우리가 가야 하는 길은 몹시 멀고도 험합니다. 1000리 길에 딱 한 걸음을 뗀 것과 같아요. 대신 함께 나들이 가듯 한 걸음을 떼었으니, 이 얼마나 좋은 일이에요.

매주 쓰면서 무엇보다 일희일비하지 않는 연습을 했으면 좋겠습니다. 어떤 문제들은 분명 오랜 시간이 필요할 테니까요. 잘 쓰든 못 쓰든 우리는 또 쓰게 될 테니까요. 다음에 더 잘 쓰게 될지는 써봐야만 알 수 있는 것이겠지요. 그래서 당장의 재능보다는 꾸준함이 우리에게 더 중요한 것 같습니다. 어김없이 다음 주면 또 이 시간을 가지게 될 거라는 것이, 진정으로 기대되지 않나요. 저는 벌써 기대돼요! 우리는 어쩌면 3년 동안 매일 스쳐 간 사람보다 서로를 더 깊게 알게 될지도 모릅니다.

여러분, 글이란 언제나 스스로와 마주하는 것입니다. 지금처럼 솔직하게 털어놓을 기회는 좀처럼 오지 않아요. 우리는 서로를 만나는 것 같지만 실은 스스로와 만나는 것입니다. 그전과는 다른, 아주 특별한 방식으로요. 다른 이의 시선에서 벗어나 자기가 진정으로 하고 싶은 이야기를 하는, 스스로를 위한 글을 쓰는 시간이 되기를 바랍니다.

당장 자리에 앉기보다는, 머릿속으로 초고를 써보세요. 출근을 하고, 설거지를 하고, 빨래를 개고, 산책을 하면서 써보세요. 동거묘, 동거견, 동거인을 앞에 두고 말로도 써보세요. 다양한 방식으로 회유한 이야기를 갖고 자리에 앉는 것은 좋은 재료를 갖고 요리를 시작하는 것과 비슷합니다. 여러분의 삶은 전과 같지 않습니다. 여러분은 일주일에 한 번, 귀한 이야기를 건져 올려야 하는 엄청난 사명이 있어요. 그런 사람은 어디에 있어도 조금은 다른 모습입니다. 조금 더 살금살금 걷는달지, 시선이 더 오래 머문달지, 나지막이 혼잣말을 하는 식으로요. 우리는 그런 서로를 알아볼 수도 있겠지요. 당신은 살고 있지만 동시에 쓰고 있군요, 하면서요.

가깝고도 멀고, 멀고도 가까운. 이토록 따듯하고 안전하며 널찍하고 거침없고 순수한 시공간을 만나기란 쉽지 않답니다. 몇 번 글을 쓰는 사이 이미 씌워졌을지 모르는 '스타일'

이나 '프레임' 같은 것을 훌렁훌렁 벗어던지고 다음 주는 또 새로운 모습으로 저와 함께해주세요. 저는 여러분의 어떤 모습도 기대하고 환영합니다. 글과 스스로에게 얼마나 정직하고 솔직하고 성의를 다했는지는 지기나 동료보다 스스로가 알게 될 것입니다. 여러분의 다음 글이 그렇기를 바랍니다.

　이번 주에 여러분에게 소개할 읽을거리는 루시아 벌린의 《청소부 메뉴얼》입니다. 이 책을 읽으면 '쓸 시간이 없다'는 핑계가 쏙 들어갑니다. 청소부를 비롯한 온갖 고된 노동으로 한평생 일하며 글을 쓴 작가 루시아는 미국의 네 아이의 싱글맘이자 워킹 클래스이자 알코올 중독자입니다. 그녀의 글은 짧습니다. 쓸 시간이 없었기 때문이지요. 매일 고된 육체노동으로 피곤에 절어 집에 귀가했을 그녀가 자기 전이나 화장실에서 일을 보거나 아이가 잠들어 있는 동안 바삐 움직여 글을 썼을 장면이 장면이 그려집니다. 그녀가 그리는 이야기는 친절하고 상냥하면서도 적나라해요. 많은 것을 설명하지 않으면서도 꾸미지 않은 그대로를 보여줍니다. 낯선 나라의 어떤 거리로 뚝 떨어진 기분이 들지요. 누군가의 매우 은밀한 삶의 장면을 지켜보고 있는 듯한 기분이 들어요. 그녀가 왜 작은 등장인물조차도 이름을 그대로 불렀는지, 그렇게 힘든 와중에도 왜 글을 놓지 않았는지 생각하게 됩니다. 자신의 삶의 장면들 속에서 이야기를 발견해내는 능력이 그녀를 살게 하는 큰 힘이 되지 않았을까 생각해보게 돼요.

이번 주 글감은 '차라리 농담이면 좋겠어요'입니다. 일부러 웃기려고 만든 이야기보다 더 농담 같은 삶의 순간이 있고는 합니다. 드라마보다 더 드라마같은 현실의 순간이요. 그런 장면을 스칠 때, 나 말고는 누구도 이 형이상학을 이해하지 못할 것 같아 쉽게 입을 떼지 못했던 수난이 있지 않나요. 이런 순간이 나에게 찾아왔다는 것이 너무 기 막혀서 울어야 할 때 웃고, 웃어야 할 때 울어본 적은 없으신가요. 저는 슬픈 순간에 눈물이 나고 기쁜 순간엔 웃음이 나오는 것이 당연하다 생각했습니다. 그런데 정작 가장 슬픈 순간에는 눈물커녕 푸드덕 웃음이 나고, 기쁜 순간에는 짧은 희열이 파도처럼 지나간 자리에 두려움이 물밀듯 올라오는 게 아니겠어요. 그게 정말 이상해서, 그 마음이 도대체 무엇이었는지 말하려고 글을 쓰게 되었습니다.

우리가 '슬프다'고 말할 때, 그것이 순도 100퍼센트의 슬픔이 아니라는 것도 깨달았습니다. 97퍼센트가 슬픔이라면, 3퍼센트 정도는 꼭 기쁨이나 안도, 기대 같은 상관없는 감정이 한 방울 섞여 있곤 했습니다. 누가 묻는다면 대충 '슬펐다'고 말해버릴 수도 있겠죠. 있겠지만, 전혀 다른 한두 방울의 감정을 눙치는 것이 영 찝찝했어요. 가장 슬픈 순간에도 콩알만큼 기쁠 수 있다는 것이 신기해서, 가장 기쁜 순간에도 조금은 슬플 수 있다는 것이 오묘해서 그것을 잘 설명하고자 글을 쓰고 싶었습니다. 그런 건 말로는 정확히 설명하기 어렵기도 합니다. 글로 쓰지 않는다면 '슬프다' '기쁘다' 말하고 나머지 감정들을 잊을 것 같습니다. 글은 아주 사소한 것도 주요하게 다룰 수 있다는 점에서 참 즐거운 작업입니다. 기쁘고도 슬픈, 슬프고도 기쁜, 모순 같고도 하나의 농담 같은 이야기는 늘 저를 매혹시켜요.

    내 삶의 복잡한 맥락 속에 피어난 기가 막힌 농담 같은 순간. 예측 불가능하고 불연속적인 인생 한가운데 마치 짜여진 드라마처럼 들어맞는 장면. 이런 순간을 글 위에 잘 풀어내봅시다. 한번 곰곰이 생각해보세요. 잘 떠오르지 않는다면 '차라리'에 대해 쓸 수도 있고, '농담' 혹은 '좋겠어요' 중에 입질이 오는 단어로 시작해보면 되겠습니다. 그저 당기는 얘기를 아무거나 쓰셔도 좋아요. 글방지기의 제안은 여러분의 창작에 샘에 띄우는 한 장의 나뭇잎일 뿐입니다. 분량은 자유입니다만, 이번엔 평소보다 조금 더 길게 써보는 것은 어떨까요? 최소 A4 한 장을 넘겨봅시다. 당연한 얘기지만 타인이 볼 수 있도록 완성된 글이어야 하겠습니다. 사족과 덧붙임은 하지 않겠습니다. 글을 쓰는 자, 글을 읽을 수 있을 것이며 글에 대해 말할 수 있을지니. 이거 참으로 공평하고 재미있도다.

커다란 포옹으로,
양다솔 드림

(이 주의 글감 · 나의 가계부)

내 돈은 다 어디로 갔을까

저는 요즘 여러분을 만나서 얼마나 신이 나는지 모릅니다. 역시 글방은 제가 제일 좋아하는 세계입니다. 이곳을 지도로 그린다면 여러분 한 분 한 분이 나라가 될 것이에요. 작은 연합처럼 우리는 쓰고 또 읽히며 서로를 다정히 침범할 것입니다. 세상에서 글을 쓰는 일이 가장 중요한 것처럼 굴고, 매주 모이는 글들이 세상의 유일한 이야기인 것처럼 대할 것입니다. 마음속을 떠돌던 작은 바람이 이곳에서는 소용돌이가 될 거예요.

아무리 생각해도 별스런 사람들입니다. 정말이지, 쓰지 못했다면 어쩔 뻔했답니까. 그 글이 태어나지 않았다면, 그런 얘기를 갖고 있었는지 영영 몰랐다면 정말 슬펐을 거예요. 당신이 그런 이야기를 갖고 있기 때문에 다른 사람들로부터 구분됩니다. 당신이 언제든 마음만 먹으면 그런 이야기를 쓸 수 있는 사람이라는 사실, 그것이 저에게는 무한한 희망입니다. 타인의 세계를 상상하게 하고 내일을 기대할 만한 것으로 여기게 합니다. 어쩜 그렇게 자기 얼굴처럼 고유한 이야기를 쓰는지! 우리는 앞으로도 나다운 글을 써보도록 합니다. 끔찍한 나, 봐줄 만한 나, 꽤 괜찮은 나, 하여튼 나를 대체할 수 있는 것은 없으니까요. 내가 나라는 것은 내가 가진 유일한 약점이자 경쟁력입니다. 그러니 묻습니다. '나'라고 할 수 있는 이야기가 무엇일까.

    타인과 나 사이를 경계 짓는, 혹은 허무는 이야기는 무엇일까요. 내 안에 흐르는 이야기는 무엇일까요. 내가 경유하는 이야기는 뭘까요. 내가 기대어 있는 이야기는요. 나는 얼마나 다를까요. 무엇으로부터 다를까요. 다르다면 왜 다를까요. 어떤 경험이, 어떤 사건이 나를 그렇게 만들었을까요. 다르다는 사실은 명확한 것 같습니다. 같은 시간 동안 같은 주제 아래 모두 다른 이야기를 썼으니까요. 같은 것을 보고 겪었다고 해도 결국 다른 것을 쓰고 말 것입니다. 비슷하다는 사실도 맞는 것 같아요. 그 모든 이야기가 나라도 썼을 법한 이야기라고 느끼니까요.

나라는 복잡한 세계를 형성한 이야기들을 해설해봅시다. 나는 어쩌다 이런 내가 되었는지 말해봅시다. 되돌아봅시다. 아주 가까이서 현미경으로도 보고, 아주 멀리까지 가서 망원경으로도 봅시다. 그리고 기록해봅시다. 설명해봅시다. 아마도 실패할 거예요. 계속해서 실패하겠죠. 하지만 그래도 그 세계에 대해 가장 잘 아는 사람은 당신입니다.

어쩌면 모든 것으로부터 분명히 분리되어 독립적인 나라는 것이 그다지 많지 않다는 것을 알게 될지도 모르죠. 그래서 참 좋습니다. 분명 남의 이야기인데도 그 안에서 나와 무척 닮은 것을 찾게 되니까요. 완전히 나 같은 것, 완전히 너 같은 것 사이에서 글감을 길어봅시다.

박 터지게, 즐겁게, 씩씩하게 써나가볼 이번 주 주제는 '나의 가계부'입니다. 누가 뭘 샀는지가 왜 이렇게 재밌는지 모르겠습니다. 소비자라는 정체성은 이 시대에 나를 구성하는 가장 근본적인 요소가 되었습니다. 내가 뭔가 형이상학적이고 복잡한 존재라고 느낄 때마다 내 구매 목록을 훑어봅니다. 거기엔 너무나 단순하고 명확하게 내가 어떤 사람인지 드러나요. 적나라합니다. 저는 때로 일기나 사진첩보다 가계부를 보며 내가 어떻게 지냈는지 알게 되곤 했어요. 어디 갔구나, 누굴 만났구나, 무얼 먹었구나. 거기 적힌 숫자들은 제 삶을 기록하고 있었어요. 어쩌면 모든 것을 숫자로 표기할 수 있을지도 모릅니다. 무엇에 돈을 쓰느냐는 말은 어떤 것이 나를 구성하고 있느냐는 말과도 다르지 않겠지요. 어쩌면 구매 영수증은 나라는 존재를 설명하는 가장 명확한 증거일지도 모릅니다.

여러분을 설명하는 소비, 구매·판매·거래 내역과 교환 금액에는 어떤 이야기가 숨어 있나요? 여러분을 골치 아프게 하는 숫자가 있나요? 구구절절하고 구차하고 찌질하고 궁상맞아 보이는 이야기를 쓰게될 것 같은 느낌이 든다면, 완벽합니다. 그것이 가장 재미있는 이야기가 될 것입니다.

생활감이 낙낙한 금주의 글감과 별개로, 심오한 이야기를 덧붙여봅니다. 제가 무척 흠모하는 러시아 작가 레오니트 안드레예프의 〈라자로〉입니다. 라자로라는 이름이 낯익죠? 맞아요. 시공간을 초월한 셀럽, 죽었다 살아난 바로 그 남자, "일어나라, 라자로여!"의 라자로입니다. 성서의 요한복음에 나온 그는 우리가 소위 기적이라는 것에 대해 말할 때 흔히 등장하는 인물이자 가장 밝은 조명을 비추고 있어서 그만큼 짙은 그림자를 드리운 인물입니다. 병사한 라자로가 예수의 부름에 부활했을 때 대부분의 사람들은 죽은 사람이 살아 돌아왔다는 사실에만 집중했습니다. 모두가 놀라서 박수를 치며 감탄하고 자리를 떠났을 때 그 자리에 남아있던 유일한 사람은 안드레예프였던 듯합니다. 그는 문장의 이면을, 끝난 이야기의 심연을 노려봅니다. 그 문장의 이면을 상상했습니다. 빛나는 기적 뒤의 이야기를 상상함으로써 기적 그 자체를 입체적으로 만들어냈습니다. 저는 이 생생하고 끔찍한 상상의 이야기에 홀딱 반했습니다. 사람들은 라자로에게 말해달라고 간청합니다. 네가 본 것을, 네가 겪은 것을 이야기해 달라고요. 라자로는 아무것도 이야기하지 않습니다. 대신 그들을 응시합니다. 이야기를 멈춘 사람. 라자로는 더 이상 이야기하지 않는 사람입니다. 이 이야기에서 끊임없이 이야기를 구하고, 이야기를 하는 존재는 살아 있는 사람들입니다. 멀고 심오한 이야기, 그리고 또 아주 아끼는 이야기를 보내며, 여러분의 가장 가까운 이야기를 청해봅니다.

저는 이번 달 적자입니다,
양다솔 드림

(추신)

최근 구매 내역 다섯 가지를 적어봅시다.
그 목록 속 나는 어떤 사람 같나요?

[이 주의 글감 · 오늘 하루의 기록]

가장 구체적인 삶의 증거

제가 여러분의 마음을 맞춰보겠습니다. 여러분은 글을 쓰고 싶어서 이 편지를 읽고 계시겠죠. 한 분 한 분이 고심 끝에 글을 써보리라 마음먹으셨을 겁니다. 그런데 놀랍게도, 글을 쓰려고 앉은 순간 쓰고 싶은 마음이 싹 사라지지 않던가요. 후회가 몰려오고, 머릿속은 하얘지고, 그저 도망가고 싶을 겁니다. 어떻게 알았냐고요? 바로 제가 지금 그렇거든요. 글을 쓴 지 10년이 넘었는데도 한결같습니다. 도대체 왜 그럴까요. 그것은 마치 살고 싶으면서도 살고 싶지 않은, 어떤 순간들과 비슷합니다. 결코 만만해지는 법이 없어요. 쓰기는 그것을 매번 상기시켜줍니다. 배가 고파도 배가 불러도, 주

변이 깨끗해도 더러워도, 건강해도 병약해도, 기분이 좋아도 나빠도 쉬워지는 일이 없습니다. 글 한 편 잘 쓴다고 인생이 특별히 나아지는 것도 없는데, 이토록 어려울 일인가 싶습니다. 그래서인지 쓰고 싶은 마음과 쓰고 싶지 않은 마음은 서로 반대항에 있는 것이 아니라 서로를 포함하는 것이 아닐까 합니다. 우리는 끝없이 쓰고 싶지 않아 하며 쓰기로 나아가는 것이지요. 우리는 이토록 만만치 않은 일을 하기로 마음먹은 것입니다. 쓰려고 마음먹었다면, 무엇보다 쓰고 싶지 않음을 다스려야 합니다. 우리는 앞으로도 계속해서 쓰기 싫을 예정이거든요.

글을 쓰려고 결심한 순간, 우리는 스스로에게 글을 '청하는' 사람이 되어야 합니다. 내가 내 글의 가장 중요한 독자, 내 글을 가장 기대하는 독자가 되어야 하는 것이죠. 지금처럼 많은 즐길 거리가 없던 시절에, 이야기꾼은 참으로 귀한 존재였습니다. 순간을 이야기로 바꿀 수 있는 사람, 사건을 드라마로 만들 수 있는 사람, 지나온 시간들이 남겨준 보물을 기억하는 사람은 어느 시대나 사람들의 환영을 받았습니다. 지금 이 순간을 잊게 해주고, 겪어보지 않은 세계에 갈 수 있게 해주고, 삶이 멋진 일일 수도 있다는 걸 상기시켜주었죠. 이야기꾼이 입을 열기 시작하면 사람들은 조용해졌습니다. 단어, 표정, 호흡 하나를 놓치지 않으려 했지요. 이야기꾼이 온다는 소식을 들으면 마을 전체가 시간을 비우고 모여들었지요. 그토록 귀한 존재가 바로 나라면, 여러분은 어떻게 대하시겠습니까.

몸이란 거대한 세포의 마을과도 같잖아요. 그렇다면 나는 내 세포들을 대표하는 이야기꾼이 아닐까요? 무슨 웃기는 이야기냐고요. 하지만 내 삶을 나보다 더 잘 알고, 잘 이야기할 수 있는 사람이 없다는 것은 분명한 사실입니다. 내 삶은 내가 주인공이죠. 그러니 그 이야기꾼을 곁에서 정성껏 의전해주세요. 그가 이야기하고 싶어지게, 그에게 융숭한 마음으로 글을 청해보세요. 맛있는 것도 먹여주고 어깨도 주물러주고 다디단 낮잠도 자도록 해주세요. 기분이 좋아지는 옷을 걸치고, 바람이 좋으면 산책도 나가게 해주세요. 사고 싶은 게 있으면 속는 셈 치고 한번 사줘보세요. 거울을 보고 칭찬해주세요. 그는 이야기를 할 사람이니까요.

어쩌면 작가란 쓰고 싶은 순간을 계속해서 기다리는 상태를 말하는지도 모릅니다. 느긋한 낚시꾼처럼, 글감이라는 미끼를 저 멀리에 던져 넣고 입질이 올 때까지 그저 잠자코 기다리는 것이지요. 아무리 노련하고 실력 있는 낚시꾼이라 해도 잡는 시간보다 기다리는 시간이 훨씬 더 길 것입니다.

그저 재촉하지 않고, 무언가 오리라 믿고, 빈손으로 돌아가더라도 다음에 다시 낚시대를 던져보는 것이 낚시꾼의 덕목이겠지요.

마감이 있는 어느 날 저는 친구의 페인트칠을 도우러 갔습니다. 친구가 물었어요. "너 바쁘지 않니?" 저는 말했습니다. "응, 바빠. 근데 안 바빠." 열심히 소매를 걷고 벽을 칠했습니다. "여기 와서 이거 칠하고 있어도 되는 거야?" 저는 말했습니다. "지금 너무 행복해." 그리고 페인트칠을 하기 위해 살아온 사람처럼 벽을 칠했습니다. 사실 저는 그 순간 글을 쓰는 일만 아니라면 무엇이든 하고 싶었습니다. 몸을 움직여, 눈에 보이는 무언가를 바꿔내고 싶었어요. 아마 거기 가지 않았다면 저는 같은 시간 동안 달랑 한 문장만 써진 문서를 바라보며 고개를 떨궜을 겁니다. 그 시간에 친구를 도울 수 있다면, 말끔히 칠해진 벽을 마주할 수 있다면 그야말로 행운이었죠.

오랜만에 몸을 움직이니 이곳저곳이 뻐근했습니다. 나에게 몸이 있다는 사실이 새삼스레 느껴졌지요. 저녁을 먹고 집에 오니 온몸이 노곤했습니다. 해는 뉘엿뉘엿 지고 어느새 창문 밖은 어두워졌습니다. 걱정 없이 한숨 잘 수 있다면 더 바랄 것이 없는 하루였죠. 쓰지 않았다는 사실만 빼고요. 다시 책상에 앉았습니다. 그런데 그 느낌이 묘했습니다. 분명 하루 종일 쓰는 것을 잊은 듯 살았다고 생각했거든요. 그런데 마치 온종일 거기 앉아 있었던 기분이 들었습니다. 몸은 피곤했지만, 마음은 전보다 한결 가벼웠습니다. 빈 문서의 문장들은 한 글자도 움직이지 않고 그 자리에 있었지만요. 다시 쓰기 시작했습니다.

'산다'와 '쓴다는 생각으로 산다'의 차이를 여러분도 체감하고 계실까요. 모두가 일과를 마치고 잠자리에 드는 밤, 그 어둠 속에 홀로 남아 다음 문장을 적어내릴 것을 알고 있는 하루 말이지요. 어떤 하루를 보냈든 나는 그 다음 문장 앞에 설 것이라 믿는 마음, 종일 마음속을 바람처럼 드나들며 간질이는 그 마음을 응원합니다. 나는 어쩌다 이런 내가 되었을까요? 저는 그것이 세상과 전혀 무관하지 않다고 생각합니다. 내가 누구에게서 태어나 어떤 것을 먹고 어떤 이야기를 하며 자라 이런 사람이 되었는지 한번 살펴보세요. 저는 여러분이 다른 어떤 것을 쓰기 전에 '나'에 대해 썼으면 좋겠습니다. 그렇지 않다면, 많은 것을 놓치는 것입니다. 나의 가장 가깝고 소중한 작가가 어디서 태어나 자랐는지 딱 한 걸음 떨어져 살펴보세요. 그것을 살펴보고 이유를 설명할 수 있는 유일한 사람은 당신이고, 그 일은 절대로 사소하지 않습니다. 글에 등장하는 모든 것이 나이듯이, 세상에 사는 모든 개인은 또한 세상이기 때문입니다. 우리는 어떤 시간을 함께 통과하고 있고, 당신도 그 조각을 갖고 있습니다.

리타라는 이름으로 활동하는 시각 예술 평론가이자 작가 이연숙의 산문 《여기서는 여기서만 가능한》을 소개하고 싶습니다. 두껍고 복잡한 삶이라는 일기장이랄까요. 어떤 페이지를 펼쳐도 장면이 시작됩니다. 때로는 읽기만 해도 버겁고 숨이 찹니다. 하나의 실험체가 된 듯 자신에게 당면한 감정이나 상황을 재단하거나 판단하지 않고 그대로 시인하는 이 작가는, 삶이라는 그 복잡한 것을 일정 부분 옮겨오는 데에 성공한 것만 같습니다. 어떤 구절은 토하듯이, 어떤 구절은 고발하듯이 쓰였습니다. 세밀하고 명료한 묘사, 신랄한 현실의 장면, 금기와 희망과 사랑과 절망이 오갑니다. 어떻게 이토록 솔직할 수 있냐고 물으면 작가는 어깨를 으쓱하며, 이곳은 그저 자신의 삶이라는 전시장일 뿐이라고 말할 것만 같습니다.

얼마 전 5·18 기록관에 다녀왔습니다. 그곳에는 수많은 기록들과 함께, 사건 당시 광주에 있었던 사람들의 일기장이 전시되어 있었어요. 때로 어떤 과거는 시간이 갈수록 점점 짙어지기도 합니다. 그런 엄청난 역사적 사건이, 누군가의 공책에 연필로 쓰인 모습은 낯설었어요. 어떤 골목을 돌아 나왔을 때 누굴 마주쳤고, 어떤 냄새가 났고, 그 순간 어떤 마음이 들었는지 적힌 그 문장들은 흔들리고 있었습니다. 무척 사적이고 단편적이면서 생생했습니다. 독자를 바란 글도 아니었고, 어쩌면 그저 스스로를 위로하고자 적은 것일 수도 있었습니다. 그런데 그것이 '기록된' 순간, 그것은 본인만의 것이 아니게 되었죠.

    글의 역할이 그것이 아니면 무엇일까요? '이런 일이 일어나는 게 가능한가?' 일기장은 그렇게 적고 있었습니다. 내가 겪어보지 못한 역사이지만, 그곳에 있던 한 사람 한 사람에게 있었던 사건이라는 것을, 그 사건은 모든 사람에게 그토록 주관적이고도 커다란 하나로 존재할 수 있다는 것을 곱씹어봤습니다. 지금 이 순간, 내가 겪는 세계를 증언할 수 있는 유일한 화자는 나입니다. 우리는 쓰면서 알게 될 것입니다. 내 몸을 통과한 것들에 대해서요. 같은 시간과 공간을 살아온 사람이라면 그 몸에 고스란히 담고 있을 이야기들을요.

    그래서 금주의 주제는 '오늘 하루의 기록'입니다. 오늘 내가 본 것들, 들은 것들, 만지고 맛보고 맡았던 것은 무엇인가요. 평소처럼 쓰는 것도 좋지만, 일기는 나라는 존재가 세상을 보는 단면과도 같다는 것, 이 시공간이 존재했다는 증거가 될 수 있는 것을 상기하며 써보세요. 나만 보는 일기도 좋지만, 누군가 훗날 읽게 되더라도 그날을 그려볼 수 있도록 써보세요. 같은 하루를 살았더라도 지금 그것에 주목한 사람은 나뿐일 테니까요. 그날 하루의 세상과 내 마음을 증언하듯 써보면 좋을 것입니다.

그럼에도 혹여나 쓰고 싶지 않다면, 멋진 하루를 보내도록 해주세요. 탓하지 않고, 보채지 않고, 그저 기다려봅시다. 어느새 책상 앞으로 몸이 기울고 있을 거예요. 모쪼록 귀한 몸이니 아껴 다뤄주십시오. 아주 쓸모 없어 보이는 생각에도 물을 주세요. 쓸 때는 절대 방해하지 마시고요. 다 쓰고 나면 꼭 안아주세요. 정말, 정말 어려운 일을 해낸 것이니까요. 그 사람을 잘 부탁합니다. 좋은 이야기들이 미래로부터, 여러분을 찾아오고 있어요.

오늘 날씨는 맑음,
양다솔 드림

{ 이 주의 글감 · ○○ 씨의 입장 }

그 입장에서만 보이는 것

글 쓰는 거 참 무섭지 않나요? 가끔 볼이 화끈거리고 정신이 얼얼합니다. 하지만 한편 좋지 않습니까. 이렇게 무서운 일이 아직 있다는 게요. 살아 있음이 느껴지잖아요. 글은 끊임없이 무섭거든요. 무섭지 않다면 단단히 잘못된 겁니다. 가끔 살아 있다는 것을 알고 싶어서 부러 글을 쓸 때도 있어요. 피가 거꾸로 솟거든요. 글을 쓰는 동료들과 맨날 똑같은 얘기를 해요. "글은 너-무 무서워." 그렇게 한참 떠들고서 다시 각자의 책상 앞에 있습니다.

저는 첫 책을 내는 데 10년이 걸렸습니다. 드디어 그럴 듯한 자기소개를 한 기분이 들었죠. 그 책을 명함이라고 소개하고 싶었습니다. 360페이지짜리 명함이요. 물론 그게 저의 전부를 소개하는 것도 아니었습니다. 이 정도면 나를 한 스푼 담았군, 그렇게 생각했어요. 그 책에서 저는 상냥할 때도 있고 미친 사람 같을 때도 있고 갑자기 화를 내거나 혼잣말을 줄줄 늘어놓거나 신나게 웃긴 이야기를 하곤 했는데요. 그 어떤 모습도 저를 소개할 때 빠질 수 없다고 생각했습니다. 모든 문장은 저를 소개하고자 열심히 시도하고 있었어요. 그리고 지금은, 저는 죽을 때까지 다시 자기소개를 해야 할지도 모른다는 생각이 듭니다. 왜냐하면 그 이야기들로부터 지금의 저는 또 아주 멀리까지 와 있거든요.

모든 이야기는 하나의 입장에서 시작합니다. 그 입장이 되어보지 않으면 모르는 이야기가 있지요. 모두가 자신의 입장에서 세상을 봅니다. 말하자면 자신의 입장을 대변할 수 있는 유일한 사람은 나뿐이죠. 이 세상에서 누구의 입장도 절대적일 수 없고, 동시에 누구도 하찮을 수 없습니다. 그러므로 나는 내 입장에서 보이는 세상을 쓰고 말해야겠지요. 내가 쓰기 전까지 누군가는 세상이 그렇게 보일 수 있다는 사실을 모릅니다.

같은 시공간 안에 있어도 같은 이야기를 공유하지는 않습니다. 두 사람이 올리브영에 있다고 합시다. 그런데 한 사람은 지금 8시간 이상 초과 근무를 한 알바생이고, 한 사람은 부모님 돈으로 가게를 차린 사장이라고 해봐요. 두 사람이 같은 생각을 하며 그곳에 있을까요? 세상에 대해 비슷하게 생각할까요? 그 두 사람에게 그 순간을 글로 써보라고 하면 장르 자체가 다를지도 모릅니다. '두 사람이 올리브영에 있다'라고 할 때까지는 별생각이 안 들었는데, 두 사람의 각 입장을 말하는 순간 그들의 성별은 무엇일지, 몇 살일지, 표정은 어떨지 바로 상상이 시작되지 않나요? 공간과 시간은 배경이 되지만, 입장은 그것에 표정을 주는 것 같습니다.

글을 쓴 화자가 어떤 입장에 있으며, 더 나아가 어떤 입장을 택하고 있느냐는 글 자체의 기둥이 됩니다. 이 사람이 올리브영에 있기는 한데, 사장인지 알바생인지 당최 알 수 없게 말을 한다고 생각해보세요. 이를테면 '두 사람이 올리브영에서 일을 하고 있다'라는 문장처럼요. 이 문장은 정보일 뿐, 이야기가 아니죠. 마치 그 상황과 관련 없는 제3자가 쓴 정보성 글 같습니다. 덧붙일 말도, 더 상상할 거리도 없죠. 차라리 '나의 퇴근 시간은 1시간 37분 전에 지나갔다'라는 문장이 이야기의 시작이 될 수 있을 것입니다. 혹은 '아까 알바가 먹은 도시락 냄새가 거슬린다'도 괜찮은 시작이 될 수 있고요. 중요한 것은 상황이 아니라 그 상황에서 내가 처한 입장이라는 것이죠. 자신의 입장을 알고 시작된 이야기가 독자에게도, 화자에게도 더욱 분명한 느낌을 줍니다.

누군가 아침에 일어나 침대를 정리하고, 밥을 해 먹고, 이웃과 이야기를 나누고, 오후를 보내다 잠에 드는 일상을 글로 쓴다고 합시다. 우리가 평소에 사용하는 가장 소소하고 평범한 단어로 말이죠. 그 글이 특별해지는 경우는 그것이 누군가의 입장이 될 때일 것입니다. 그것이 소중한 사람을 잃은 다음 날의 이야기라면, 삶의 마지막 날을 맞은 이의 이야기라면, 혹은 그 다음 날 중요한 사건을 앞둔 이의 이야기라면 평범한 하루는 완전히 다른 분위기를 갖겠지요. 자신의 입장을 알고, 그 자리에서 할 수 있는 가장 빛나는 이야기를 고르는 것. 우리가 꾸준히 함께 찾아나가야 할 일이겠죠.

읽었을 때 이 사람이 누구이며 어떤 입장인지 알 수 없는 글이라면 그것은 발신 번호가 없는 전화처럼 불투명한 것입니다. 결과적으로 잘 쓴 글은 일종의 자기소개라는 말이 되기도 합니다. 물론 그 사람 자체라기보다 어떤 한 면을 아주 소개하려고 시도한 글이라고 해야 하겠죠. 모든 글은 시도이고, '-하기'이니까요. 그래서 우리의 이번 주제는 '○○ 씨의 입장'인 것입니다. "양다솔의 입장을 써봐라!"라고 한다면 저도 몇 주를 떼굴떼굴 굴러야 할 것입니다. 그런데 양다솔을 일단 부셔서 해체해보면 어떨까요. 양다솔은 여자이고 충청도 거주자이며 글방지기이고 구멍난 양말을 신은 자이며 포악한 운전자이고 싸가지 없는 딸이며 최고의 고양이 집사이다… 등으로요. 혹은 내가 가지고 싶은 입장으로 나를 소개해보는 것도 좋겠죠. 호주 시민이 되고 싶은 이의 입장 같은 걸로요. 그 수많은 입장 중에서 내가 가장 말하기 편한 입장을 하나 골라봅시다. '이거라면 내가 할 말이 있지!' 혹은 '나를 설명하는 데 이게 빠질 수는 없지!' 하는 것을요. 누가 봐도 분명하게 드러나 있거나, 남들이 쉽게 알 수 없거나, 복잡하거나, 아주 사소하지만 꽤나 주목해볼 만한 입장이면 좋겠죠.

오늘 소개할 읽을거리는 정말 훌륭한 시인이자 작가인 김혜순의 《여자짐승아시아하기》입니다. 책의 머릿글에서 김혜순 작가는 '여자 하기'를 이렇게 정의합니다.

> 여자하기는 '여자이고자 함'이다. 타자와 감응하여
> 작고 낮은 것을 몸에 분포해야 한다. 여자이고자 함은
> 대립항인 남자라는 포지션이 본질적이지 않기 때문에
> 폐기되어야 함을 전제로 하기 이전에, 인간 각자가 스스로
> 여자라는 복수성, 내 안에서 흘러넘치는 여성적 실재를 향해
> 여행해가야 함을 이른다. 또한, 나는 생물학적으로 여자이나

> 나의 에너지로 다른 사물들과의 연결과 접속 속에서 여자를 구현해가야 한다. 나는 날마다 다른 정체성의 여자로 태어나고 싶다. 나는 텍스트 속에서 오늘은 소녀였으나 내일은 할머니로, 다시 할머니소녀로 태어나고 싶다. 오늘은 연어였으나 내일은 사냥하는 곰으로 태어나고 싶다. 나는 색으로, 무늬로, 이미지로, 어떤 작은 기미로 다시 태어나고 싶다. 나는 한 여자가 아니라 여러 여자, 여기 있는 여자가 아니라 여기, 저기 있는 여자, 나 때문에 여기가 여기 없는 저기가 되는 여자가 되고 싶다.
>
> _ 김혜순, 《여자짐승아시아하기》, 문학과지성사, 16~17쪽.

    그는 단순히 자신이 여성이어서 여성을 한다는 의미를 말하기보다 훨씬 더 능동적이고 낯선 시선으로 그 행위를 해체하고 재해석합니다. 그의 말에 따르면 '여자 하기'는 존재와 상관없이 누구나 시도할 수 있는 것이며 동시에 여성이라는 의미를 완전히 다르게 감각하게 합니다. 이처럼 주어진 정체성을 다르게 해석함에 따라 그것에 다른 입장을 갖고 그 단어 자체를 넓혀볼 수도 있습니다. 이 책에서 작가는 자신의 분명한 입장과 화두를 가지고 나로 향하는 여행을 떠나는데요(여러분처럼요), 여자와 짐승과 아시아라는 입장에 서서 각각을 해체하고 동시에 실현하며 그것이 가지는 의미와 이야기를 풀어냅니다.

여자라는 입장을 가질 때는 여자가 존재한 모든 시간과 존재한 모든 공간으로 내가 늘어나고, 나를 짐승이라 말한 순간과 나를 아시아인이라고 말한 순간 역시 마찬가지로 그것이 무수히 팽창함을 느꼈습니다. 나라는 것은 불변의 개체이거나 고정된 설명을 달 수 있는 존재가 아닌, 어떠한 '하기'의 과정이며 상태라는 것이죠. 우리는 그 상태를 인식하고 설명하고 나아가 선택해볼 수도 있습니다.

한 주 동안 데굴데굴 구르며 생각해봅시다. 지금의 나를 가장 잘 설명하는 상태, 내가 가장 자주 '하는' 것, 나를 가장 잘 설명하는 입장은 무엇일까. 내 표정이 가장 선명해지는 순간, 내 눈이 반짝 하고 빛나는 때는 언제일까. 그것을 찾게 된다면 이야기는 자연스럽게 샘솟을 거예요. 이번 주에는 내가 마구 대변하고 싶은 '○○ 씨'의 입장을 들려주세요. 혹시… 입장이 아주 없으신가요? 그렇다면 무엇이든 손가락이 시키는 이야기를 써오시겠어요? 손가락의 입장을 들어봅시다.

심각해지지 마세요. 지금 어깨가 뭉친 것 같습니다. 온몸을 천천히 돌려주시고, 따뜻한 차 한잔 하시고 첫 문장을 써봅시다. 지금 떠오른 바로 그거, 당장 어디로 튈지 모르겠는 그 생각. 그게 바로 이 주의 글감입니다. 솔직하고, 겁 없는. 상냥하고, 구체적인. 단단하고, 생생한. 엉망인 동시에 고유한. 만져지고 맡아지고 보이고 들리며 당장 앞에서 말을 건네는 것 같은 순간을 기대합니다. 분량은 자유이며 단, 타인이 볼 수 있도록 완성된 글이어야 하겠습니다. 글을 다 완성하시고 나서 맞춤법 검사기를 꼭 돌려보세요! 띄어쓰기와 오탈자는 좋은 글의 흐름을 산통 깰 우려가 있으니까요.

    저도 열심히 쓰면서 여러분의 글을 기다리는 입장이 되어보렵니다. 글쓰기는 여전히 무섭고, 그러나 살면서 해본 어떤 것보다 재미있는 보기 드문 일이랍니다. 다 같이 각자의 책상에서 싸워보자고요. 저는 어딘가에서 늘 여러분의 글감을 위한 화살기도를 쏘겠습니다. 함께 쓰는 동료들이 세상 어딘가에서 같은 글감으로 싸우고 있을 것을 생각하면 든든하지 않나요? 우리는 또 어떤 이야기를 가지고 만나게 될까요. 또 뵙겠습니다.

한배를 탄 입장에서,
양다솔 드림

(이 주의 글감 · 당신의 실패)

먼 곳을 향해 쏴라

시간이 어떻게 가는지 모르겠습니다. 마감 시간은 쏜살같이 돌아오고, 빈 문서 앞에서의 시간은 마치 멈춘 것만 같아요. 독자를 만날 때마다 실감합니다. 이번 글도 실패했구나. 독자는 제 의도와는 전혀 다르게 글을 읽고, 가장 들키고 싶지 않은 부분을 가장 먼저 알아봅니다. 뜨거웠으면 하는 부분에서 차갑고, 천천했으면 하는 부분에서 급합니다. 내 의도는 거의 전혀 다른 모습으로 둔갑하여 독자에게 갑니다. 독자는 왜곡하고 오독하고 이탈합니다. 동상이몽입니다. 그것은 어쩔 수 없이, 공교롭게도, 언제나 예견되어 있곤 합니다. 오해할 것을 알면서도 읽는 마음, 오해받을 것을 알면서도 쓰는 마음은 무엇일까요. 이야기가 어떤 식으로 전해지든, 저는 그 마음이 어여뻐서 좋습니다. 다시 말을 거는 마음, 침범해보려는 마음, 실례하려는 마음을 잃지 않고 살고 싶어요.

실패하는 이야기를 좋아합니다. 삶에서의 실패는 도저히 익숙해지지 않는데, 어쩐지 글에서의 실패는 아름답고 찬란하고 짠하고 웃기고 귀엽고 사랑스럽고, 모든 아름다운 색을 가졌어요. 왜일까, 실패는 뒤태 미인인걸까, 돌아보지 않으면 그 아름다움을 알 수 없는 걸까 하는 생각이 듭니다. 삶의 실패와 글의 실패는 다릅니다. 하나는 나의 의지와 상관없이 계속 흐른다면, 다른 하나는 내가 시작하고 끝낼 수 있지요. 삶에서의 실패는 막대한 손실과 절망을 일으키지만, 글에서의 실패는 아무리 실감나더라도 글 속의 일입니다. 두 개의 전혀 다른 우주처럼요.

글과 삶은 다르다, 이 얼마나 좋은 일입니까? 여러분이 쓰게 될 실패의 이야기는 그저 글 한 편일 뿐이에요. 사실로부터 출발했지만 사실과 묘하게 다릅니다. 여러분이 그걸 아주 잘 써도, 아주 못 써도 책상의 먼지 하나 움직이지 않는다고요. 먼지는 닦아야 움직입니다. 보이지 않는 이야기를 몇 가지 기호로 옮기는 일일 뿐, 여러분이 손사래 치며 부정하면 그것은 여러분과 연결조차 되지 않은 일입니다. 그러니까 너무 부산을 떨 필요가 없습니다. 써보고, 정 아니다 싶으면 휴지통에 넣는 순간 그것은 없던 일이 됩니다. (추천하지는 않겠습니다. 미래의 나에게 최고의 안줏거리를 빼앗지 마세요.)

우리는 그저 그걸 손바닥 안에 쏙 들어오는 작은 장난감처럼, 길에서 주운 단풍잎 내지는 솔방울처럼, 귀여운 돌멩이처럼 쥐어보고 싶을 뿐입니다. 나의 조물주가 나를 손에서 가지고 놀듯이, 나의 실패를 한 번쯤은 조물락거려보자고요. 작가란 것은 무엇인지 묻는 질문에 한강 작가님이 이렇게 답하신 것을 보았습니다. 고독히, 그저 혼자서 하다가, 실패하면 그저 혼자 망하는 것이라고요. 참으로 그렇습니다.

실패 중에서도 대실패. 이번 주제가 그렇습니다. 이치카와 사오의 《헌치백》은 정말 느린 병렬 독서가인 제가 펼친 그 자리에서 마지막 장을 본, 생에 몇 권 안 되는 책인데요. 중증척추장애를 가진 여성 샤카의 사회적 금기에 대한 도전과 도발적인 욕망을 그립니다. "내가 임신하고 중절하는 걸 도와주면 7억 엔을 줄게요." 샤카의 제안으로 이야기는 시작됩니다. 작가의 자전적 요소가 담긴 이 책은 장애인의 성적 욕망과 편견을 정면으로 다루며 단숨에 논란의 중심에 섭니다. 짧지만 빈틈없이 강렬한 이 소설은 기다렸다는 듯 이야기를 뻗어내며 독자를 압도합니다. 소설이라는 투명한 옷을 걸친 채 절절한 생의 장면들이 튀어 오릅니다.

이야기 속을 이토록 종횡무진 누비는 이가, 현생에서는 단 한 공간 안에서만 대부분의 시간을 보내왔다는 것이 믿기지 않다가도, 또 그것이 너무나 필연적 조건으로 느껴지기도 합니다. 이 책의 장점은 여럿이 있지만, 무엇보다 아름다운 것과 추한 것, 흉한 것, 외설스러운 것을 나누지 않고, 미화하거나 판단하지 않고 그저 너무나 정확한 문장으로 선명하게 '보여준다'는 점이 좋습니다. 우리는 그가 보여주는 것을 볼 수밖에 없습니다. 삶이 그에게 적나라하게 펼쳐져 왔듯이, 그가 자신에게 주어진 삶을 살아올 수밖에 없었듯이요.

이것이 그에게 얼마나 치욕스럽고 아름답고 끔찍한지, 또 얼마나 숨기고 싶고 얼마나 모두에게 알리고 싶은 일들이 었을지 저는 다 알지 못합니다만, 한 가지는 분명합니다. 그는 절대로, 친구나 가족들에게 보여주기 위해 이 책을 쓴 것이 아니라는 점입니다. 이 작가는 멀리 있는, 어쩌면 생에 단 한 번도 마주치지 않을, 우리에게 이 이야기를 쏘았습니다. 가장 먼 세계로 쏘는 가장 내밀한 이야기, 인생 전체를 통틀어 가장 맹렬히 실패한 이야기를 쏘는 이를, 대체 누가 거부할 수 있나요? 기억하세요, 이 작가는 이야기에 완벽히 솔직했고, 그래서 완벽히 안전하다는 것을요.

여러분도 먼 곳을 향해 조준하십시오. 정정당당하게 과녁을 겨냥합니다. 저는 그저 소리 없이 흐르는 당신의 땀방울을 닦아주는 요정일 뿐, 독자가 아닙니다. 여러분의 이야기가 뻗어나가도록 돕는 이정표일 뿐, 목적지가 아닙니다. 우리가 갈 수 있는 길이 얼마나 먼지, 한강 작가가 몸소 보여주었잖아요. 절대로 내 세계의 사람들에게 쓰지 않습니다. 나와 비슷한, 나와 만나는, 나와 교차하는 사람에게 쓰지 마세요. 그런 거북한 일은 하지 맙시다. 우리는 먼 우주에게 씁니다. 《헌치백》이 우리에게 도달한 것처럼. 그저 남 이야기인 것처럼, 단순히 글자의 무더기인 것처럼 도착한, 단지 한 편의 글일 뿐인 것을 씁니다. 실패를 담고 있고, 필연적으로 실패할 것을 씁니다. 두려울 것이 무엇입니까? 춤을 추면서 갈 일입니다. 흔들흔들, 까딱까딱, 덩실덩실. 언젠가 아주 먼 곳에서 마주치게 될 여러분의 문장을 기다리며.

춤출 때 무슨 노래 좋아하세요?
양다솔 드림

(추신)

여러분이 쓰게 될 실패의 이야기는 그저 글 한 편일 뿐입니다.
귀여운 돌멩이처럼, 나의 실패를 한 번쯤은 조물락거려보자고요.

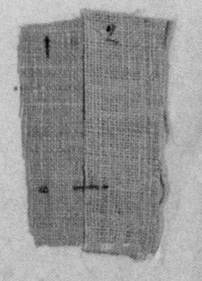

* 비밀쪽지

초고를 완성하고 싶은 당신에게

작가가 된 후로 가장 먼저 들었던 고민은 이것이었습니다. "이제 난 뭘 쓰지?" 아무도 저에게 글감을 정해주지 않았거든요. 이제 내가 쓰고 싶은 건 내가 직접 찾아야 했습니다. 우리는 주어진 주제에 맞추어 쓰는 것이 익숙하죠. 글이 주제에 적합하냐, 라는 것이 글을 평가하는 기준이 되었을 것입니다. 그것은 마치… 매일같이 주어진 급식을 맛있게 먹다가 어느 순간 부엌을 통째로 맡게 된 듯한 기분이었습니다. 당장 뭘 해서 먹는담? 어느 순간부터는 정말 내가 하고 싶은 이야기가 무엇인지, 주제를 나로부터 이끌어내야 합니다. 내 시선이 어디에 오래 머무는지, 무엇을 흥미롭다고 생각하는지, 무엇에 화가 나는지, 무엇에 무릎의 힘이 탁 풀리는지요. 아마 제가 드리는 주제를 받은 여러분도 늘상 하고 싶은 이야기가 바로 떠오르지는 않을 것입니다. 커다란 알사탕을 입에 넣고 살살 녹이듯이 생각을 굴려보게 되겠지요. 글을 쓰는 첫 번째 단계는 하고 싶은 이야기를 찾는 것이겠습니다. 하고 싶은 이야기를 찾는 방법은 바로 하고 싶지 않은 이야기도 많이 해보는 것입니다. 이것저것 가리지 말고 많이 써보자는 이야기죠. 막상 써보면 어떤 것이 정작 재밌을지 쓰기 전에는 정말 알 수 없거든요. 하고 싶은 말을 찾았다면 이미 초고의 절반은 쓴 것이나 다름 없습니다.

하고 싶은 말이 없는 사람은 없습니다. 다만, 자신이 무슨 말을 하고 싶은지 아직 모를 수 있죠. 부끄럽고 서투르거나, 단순히 남에게 말하기 싫은 걸 수도 있고요. 말할 방법을 찾지 못했거나, 그럴 힘이 없는 것일 수도 있습니다. 누군가가 두드려주기를 기다리는 것일지도 모릅니다. 내가 하고 싶은 줄도 몰랐던 이야기를, 받고 싶은 줄도 몰랐던 질문을, 느끼고 싶은 줄도 몰랐던 느낌을 주는 두드림을요. 누구도 중요한 얘기를 쉽게 해주지 않듯이, 나 또한 나에게 천천히 시간을 들여 하고 싶은 이야기를 물어봐주어야 합니다.

J. D. 샐린저는 《호밀밭의 파수꾼》을 전쟁터에서, 입으로 중얼거리며 썼습니다. 당장 쓸 시간과 종이는 없는데, 머릿속에 흘러나오는 문장들을 기억하기 위해

서였죠. 그는 떠오르는 문장들을 말하고 말하면서 머릿속에 반복해 새겼습니다. 그리고 전장에서 돌아와 그대로 종이에 옮기기 시작했어요. 내 생각이라도 같은 글을 두 번 쓸 수는 없습니다. 지금 이 순간 퐁 하고 솟아오른 그 짧은 생각, 그 문장이 다시 돌아오지 않는다는 것을 샐린저는 알고 있었습니다. 그것을 붙잡고 언어라는 실체를 부여해주지 않으면 곧 휘발된다는 사실을요. 그러니 우리는 메모를 시작해야겠습니다. 밥을 먹다가도, 일을 하다가도, 유튜브를 보다가도, 선잠에 들었다가도, 설거지를 하고 행주질을 하다가도 문득문득 떠오르는 한 문장을 놓치지 마세요. 당장 종이에, 핸드폰에 적으세요. 누군가에게 전화해서 말해두세요. 되도록이면 구체적인 이유도 같이요. 그러지 않으면 며칠 뒤에 마치 남이 쓴 것처럼 '이게 뭐지?'라고 생각하게 될지도 모르니까요. 그 기록들은 언젠가 중요한 것의 실마리가 될 것입니다.

    분명 할 말이 많았던 것 같은데, 글을 쓰려고만 하면 머리가 하얘지신다고요. 모든 이야기가 소라게처럼 숨어버린다고요. 지극히 정상입니다. 어떤 날은 아무런 노력 없이도 쓸거리가 뽕 하고 솟아나기도 하지만(감사해서 눈물 철철), 때로는 머리가 이틀 전에 먹다 남긴 과자처럼 눅눅해져 있을 수도 있죠. 그러면 우선 좋아하는 음악을 트세요. 신선한 주스 한잔 하시고, 좋아하는 카페에 가보는 것도 좋습니다. 나를 기쁘게 하는 루틴들을 해보세요. 그리고 사뿐히 앉아서, 열 문장만 써보는 겁니다. 처음부터 글이 아니어도 좋습니다. 가장 쓸데없는 이야기들, 딴생각들, 사소한 잡념과 걱정들에 대해서부터 시작해봅시다. 손이 여러분의 이야기를 꺼낼 만큼 달구어지도록 움직여주세요. 쓰기에도 준비운동이 필요하니까요. 아무 이유 없이, 어떤 것이 쓰고 싶어졌다면 쓰기 시작하세요. 중요한 것은 '아무 이유 없이'입니다. 그걸 왜 쓰는지도 모른 채 이야기를 끝냈다면, 완벽합니다. 글이 내가 쓰려고 했던 것과 완전히 다른 것이 되었다면 생각보다 더 멋진 일이 일어난 것입니다.

　　몇몇 분들은 빈 문서 앞에서 이런 생각이 드시겠죠. 내가 하고 싶은 이야기는 과연 쓸 가치가 있는 것일까? 그런데 여러분, 한 번이라도 글을 써보셨다면 아시겠지만 쓰는 일은 정말 괴롭습니다.

무의미하다면 왜 이토록 고통스러운 거죠? 웬만해서는 안 하는 것이 낫고, 본능을 거스르고, 녹색 피가 흐르는 것처럼 고통스러운 이 일을 포기하지 않고 하고 싶은 이야기가 있다면 그것은 무의미를 따지기 이전에 들어볼 만한 것이 아닐까요. 지금 당장은 그렇게 보일 수 있어도, 당신이 걸어가는 이야기의 과정 안에서 그것은 분명한 맥락을 가지게 될 것입니다. 그리고 단언컨대, 글의 가치를 본인이 평가하려고 하지 마세요. 일단 쓰세요. 읽는 사람이 판단하겠습니다.

먼저 글을 다 쓰셨다면 꼭 처음부터 다시 읽어봐야 합니다. 많이 읽어볼수록 좋아요. 귀한 독자들이 볼 거잖아요. 실수가 있다면 고쳐보고, 잘못 쓴 부분은 누가 보기 전에 얼른 지워야겠습니다. 어색한 표현이 있으면 바꿔보고요. 그렇게 글의 곳곳을 싹 훑은 뒤에 '오, 나는 더 이상 할 수 있는 것이 없어. 지금의 내가 할 수 있는 최선이야!'라는 생각이 드셨다면 초고를 완성한 것입니다. 그럼 우선 화면을 덮으세요. 방금 쓴 게 뭔지는 모르겠지만, 잊어버리세요! 개꿈을 쫓듯이 고개를 마구 흔들어버리세요. 기지개를 한번 쭉 켜시고요. 당장 머릿속에 떠오르는 가장 하고 싶은 일을 하세요. 어쩌면 방금 쓴 글이 너무 마음에 들어서 아무것도 하지 않아도 마음이 벅차오를 수도 있습니다. 뭐, 좋습니다. 하여튼 시간을 좀 보내자고요.

한 김 식히고 나서, 글을 다시 꺼내듭시다. 하루나 이틀, 일주일쯤 지나면 더 좋습니다. 글에 시차를 두는 거예요. 그리고 다시 읽어봅시다. 다른 사람이 쓴 글을 읽는 것처럼요. 읽으면서 살펴봐요. 나를 생판 모르는 사람도, 내 의도와 의중을 모르는 사람도 이 글을 문제없이 이해할 수 있을까? 필요 이상으로 힌트를 주거나, 가장 중요한 걸 너무 빨리 드러내거나, 오해를 부르는 문장을 썼거나, 쓸데없이 무언가를 강조하지는 않았나 보세요. 다른 건 몰라도 제목은 꼭 끝까지 고민해보세요. 글의 얼굴이니까요. 눈에 띄게 툭 튀어나온 단어는 없는지, 글의 문지기 역할을 하는 첫 문장과 끝 문장은 어쩌고 있는지 보십시오. 글의 진행 순서가 좀 바뀌면 훨씬 나을 것 같지 않으세요? 이게, 아닌 것 같아도 순서만 몇 군데 바꾸면 완전히 새로운 글이 되더라고요.

모든 것이 제자리에 잘 있나요? 눈이 눈의 자리에, 코가 코의 자리에 있냐 이 말이죠. 남의 글이라고 생각하면서 읽으라고 했지만 분명 잘 안 될 겁니다. 구역질이 날 것 같은 기분에 미처 끝까지 읽지 못할 수도 있어요. 그럼 정말 축하할 일입니다. 그 사이 내가 벌써 성장한거거든요! 불과 얼마 전의 나의 최선이 쓰레기처럼 보이다니, 정말 멋진 일 아닙니까? 마음에 안 드는 문장이 있거들랑 남이 보기 전에 어서 고치세요! 혹시 감당할 수 없는 치부나 편협함을 들키고 말았다면 그 부분도 어서 보충해야겠습니다. 도저히 어쩔 수 없을 정도로 글이 엉망이라면, 두 가지 방법이 있습니다. 하나, 그 글을 거기 두고 새로운 글로 간다. 둘, 그 글이 납득이 될 때까지 절대 놓지 않는다.

글이 마음에 안 든다고 해도 괜찮습니다. 나에게는 미래의 내가 있으니까요. 아쉬움은 잠시 미뤄두고 잠시 축하의 시간을 가집시다. 그 이야기는 여러분으로부터 슬며시 분리되어 자신만의 길을 가기 시작했으니까요. 우리는 초고를 완성한 것입니다! 이것은 미래의 나에게 어떤 부표이자, 지도이자, 부적이 될 겁니다. 여러분이 쓰지 않았다면 존재의 윤곽조차도 없이 사라졌을 수도 있거든요. 언젠가 지금 쓴 글을 마치 남이 쓴 글처럼 느끼게 될 날이 올 거라면 믿으실까요. 옵니다. 여러분은 오롯이 '지금의 나'가 쓸 수 있는 문장을 쓰고 있어요. 나라는 것은 고정된 것이 아니라는 것을, 쓰면서 가장 실감합니다. 가끔 어떤 글은 진짜 내가 쓴 게 맞나 의심스럽거든요. 좋은 의미로든 나쁜 의미로든 다시는 그런 문장을 쓰지는 못할 것입니다. 매번 글 하나를 끝마칠 때마다 어떤 나를 떠나보내는 느낌이에요. 이 세상에서 나와 가장 닮은, 그러나 분명히 다른 무언가가 내 손을 떠나는 기분입니다.

지금 당장은 너무나도 나 같아서, 누구에게도 보여주기 민망한 그 글을 언젠가는 나와 전혀 상관없는 무언가처럼 누군가에게 소개할 수 있을 거예요. 언젠

여러분은 그 이야기로부터 떠나게 될 테니까요. 글만큼 끝이 있고 또 없는 것이 있을까 생각합니다. 자, 여러분은 쓸 수 있어요. 힘 내요. 잘 못 써도 괜찮아요. 또 쓰면 되니까요. 못 써보지 않은 사람은 잘 쓸 수도 없으니까요. 여러분 자신을 포함한 모두가 여러분의 이야기를 기다리고 있어요. 쓰세요. 써봅시다. 도망가지 말고요. 엉덩이와 손에게 이야기를 맡겨버리고, 완성해봅시다.

나의 일부를 떠나보내며,
양다솔 드림

2부 ‡ 감정

기쁨과 슬픔에게 보내는 연서

[이 주의 글감 · 도망치고 싶은 기분]

도망친 곳에 천국은 있다

세상이 정말 시끄럽습니다, 여러분. 멈춰 있는 사람은 아무도 없는 것 같은, 매 순간 중요한 것이 또 다른 중요한 것으로 덮여 중요한 것이 무엇인지 망각하게 되는, 내 나름대로 앞을 향하고 있는 것 같은데 어쩐지 뒤로 가는 느낌이 드는 나날입니다. 여기 번쩍, 저기 번쩍. 내가 믿던 모든 것이 어느 순간 완전히 다른 것으로 변해 있습니다. 무얼 믿고 어떤 기준으로 살아야 할지 처음부터 다시 배워야 할 것만 같아요. 무언가에 이끌리듯, 방향도 모른 채 어딘가로 쓸려가는 여러분. 범람하는 남의 문장들 사이에서 나의 문장을 남겨보려 하는 여러분. 이 혼돈의 세계에서 여러분을 멈춰 서게 하는 일은 무엇인가요?

　이전에는 뭔가를 잘하는 방법을 가르쳐주는 것에 귀가 솔깃했던 것 같은데요. 언젠가부터 실수를 받아들이는 것, 만족스럽지 않아도 꾸준히 하는 것, 결과에 상관없이 행복한 태도를 갖는 것, 그런 데 더 관심을 갖게 되었습니다. (저 늙었나요?) 나의 템포로, 건강하게 이 여정을 완주하는 것에 대해서 생각하게 됐습니다. 실패나 포기 같은 것에 대한 생각도 좀 바뀌었어요. 누군가와 갈등을 만드는 일도요. 이전에는 실패도 해선 안 되고 포기해서도 안 되고 누군가와 갈등을 만들어서도 안 된다고 생각했는데요. 이제는 그저 실패해도 다시 일어나는 방법이 궁금합니다. 대체 왜 안 알려주죠. 왜 실패한 사람들은 시야에서 사라지는 거냐고요. 왜 잠적해요. (나락은 대체 어디에 있나요? 저는 그냥 거기에 집을 지을래요.) 저는 이제 포기해야 할 시점을 모르고 계속해서 붙잡고 있는 게 더 두렵고요, 갈등이 생길까 무서워 꼭 해야 할 말을 못 할까 봐, 그래서 이 세상의 수많은 부조리에 동조자가 될까 봐 그것이 더 무섭습니다.

　도망은 부끄럽지만 도움이 된다, 이 말에 더 얹어서 '잘 도망할수록' 좋다고 말하고 싶습니다. 도망쳐야 할 때를 잘 알고 도망치기. 어쩌면 요즘 가장 필요한 덕목이 아닐까요.

그렇게 하는 사람은 머물러야 할 때도 잘 알고 머물 수 있을 것 같거든요. 여러분은 어디로부터 도망치고 싶으신가요? 아마 고르는 데 시간이 좀 필요할 겁니다. 많을 거거든요. 저는 아주 어릴 적부터 나로부터의 도망을 꿈꾸었습니다. 꿈도 야무지죠. 살아 있는 동안은 이룰 수 없는 꿈입니다. 삶이 지긋지긋할 때마다 '나라는 인생을 옷처럼 벗어버리고 싶다' 하는 생각에 잠겨요. 이 도망의 꿈은 저의 오래된 주제가입니다.

한국으로부터 도망치고 싶은 사람도 있을 것입니다. 지금 다니고 있는 직장이나, 어떤 사람으로부터 도망치고 싶은 사람도 있겠죠. 도망은 '피하거나 쫓기어 달아남'이라는 뜻을 가졌지만, 여러 의미에서 해석할 수 있습니다. 말 그대로 시야에서 사라지는 것만이 도망은 아니죠. 눈을 질끈 감아버리는 것, 깊은 몽상에 잠기는 것, 다른 세계로 접속하는 것… 여러 방법이 있을 것입니다. 만난 것만으로도 도망치는 것처럼 숨통이 트이는 기분이 드는 사람이나 장소, 순간이 있을 것이고요. 샤워 같은 아주 일상적인 순간으로 달아날 수도 있죠. 도망처가 이야기일 수도 있습니다. 신화나 종교 같은 것이요. 돈이나 이념 같은 개념일 수도 있죠. 하지만 모든 도망에도 나름의 조건이 필요합니다. 도망칠 곳이 있다면 돌아올 곳도 있어야 해요. 도망은 모두가 하고 싶겠지만 방랑은 누구도 하고 싶지 않을 테니까요…. 언제든 도망칠 곳이 있는 사람이라면 사는 것도 나쁘지만은 않을 것입니다.

그러고 보니 도망은 모든 약속과 책임을 무시하는 무책임한 행동이기도 하지만 동시에 구하는 일이기도 하네요. 살고자 하는 사람이 아니라면 도망치지 않을 테니까요.

이렇게 지기가 금주의 주제에 대해 줄줄 늘어놓아도, 다시금 빈 문서 앞에서 막막해지시리라 생각합니다. "빈 문서에서 도망치고 싶은데요!" 득달같이 그렇게 대답한 분도 계시겠죠. 그런데 여러분, 여러분의 삶을 붙들고 있는 수많은 이야기들도 모두 그런 막막함에서 태동했답니다. 마치 원래 있었던 것처럼 이야기를 쑥 꺼내 놓은 사람은 없어요. 오랜 기간 글을 쓴 사람도, 여러분이 좋아하는 바로 그 대박 작가도 오늘 빈 문서 앞에 앉아 도망칠까 고민합니다. 어쩌면 막막한 만큼 좋은 이야기가 오고 있는 것일지도 모릅니다. 힘들다고 바로 줄행랑쳐버리면 귀한 이야기가 왔다가도 아무도 없어 돌아가겠죠? 그 이야기를 맞이할 수 있는 사람은 오직 당신뿐입니다.

그래서 우리가 해야 할 것은 무엇이다? 다시 빈 문서로 돌아오는 것. 그것밖에는 별수가 없습니다. 그러면 문장은 언젠가 여러분에게 옵니다. 이야기보다 먼저 도망치지만 않으면 됩니다. 쓰기도 전에 이런저런 생각으로 머리가 터질 것 같다, 그럼 이렇게 해보세요. 주제나 내용에 대한 모든 잡생각을 버리고, 나는 피아니스트처럼 키보드를 연주하는 키보디스트다 생각하고 30분만 '손가락을 움직인다'.

글을 쓰는 것도 시동을 거는 것이 필요합니다. 해도 해도 다시 새롭고, 누구에게나 어려운 일입니다. 앞서 알려드린 비법대로 초고를 입으로 쓰거나, 손가락을 달구며 아무 이야기를 꺼내보세요. 30분 아무거나 써보았다면, 그중 쓸 만한 건 한두 문장 일 거예요. 그러면 숨을 한번 크게 들이쉬고 다시 첫 문장을 써봅시다. 오늘은 그것도 잘 안 된다 하면 특효약이 있습니다. 바로 문제적 글을 읽는 것이지요. 이번에 소개드리는 책도 그런 책 중 하나입니다.

데리야마 슈지의 《가출 예찬》인데요, 모르긴 몰라도 이 작가… 아주 문젯거리, 꼴통이었을 것 같습니다. 예술병 말기에, 젠더에 대한 생각은 심각하게 문제가 있고, 본인이 현대예술쯤 하는 줄 아는 것 같아요. 이 책을 읽고 작가를 좋아하기는 아마 힘들 것입니다. 그런 의미에서 대단합니다. 이 작가는 모두를 고발하고 있거든요. 자신을 버리고 간 엄마, 부모 집에서 편하게 사는 사람들, 어쩌다 전화를 받은 사람들, 일본 사회, 그리고 본인 스스로까지 보이는 모두를 폭로

합니다. 람보 같아요. 오직 자신처럼 고통받으며 방랑하는 이들만을 고발하지 않습니다. 그는 가끔 옳고 자주 틀려요. 어이가 없고 기가 차다 화가 나서 마구 반박을 하고 싶어집니다. '너 미쳤니?' 하고요. 그런데 그렇게 하면 그는 기다렸다는 듯 웃으며, 한참 떠드는 나를 바라볼 것 같습니다….

그는 애초에 자신을 좋아해주기를 바라며 글을 쓰지 않는 듯합니다. 오히려 화나게 하려는 건가 싶어요. 모든 것을 시시껄렁하게 웃으며 뒤집어버리는 데 취미가 있는 듯합니다. 부모님과 함께 사는 본가를 떠나지 않고 성인이 되어도 집에 머무는 청년들에게 "그럴 거면 차라리 부모를 고려장해라"라는 파격 발언을 하며 집을 떠나라는 그는, 사실 어머니에게서 버려져 아주 어릴 적부터 출가를 할 선택권조차 가진적이 없었죠. 떠난 엄마를 '욕하는 방식으로' 그녀를 그리워하고, 진정한 '악덕'의 기준이 무엇인지 탐구하며, 세상에 일어나는 수많은 부조리의 '책임'이 어디에 있는지 묻는 등 자꾸만 불편한 질문을 합니다. 마치 그것이 자신을 구하는 행동이라도 되는 듯 매달립니다.

저는 잔뜩 짜증이 나 자꾸만 대답하고 싶어져서 이 책이 좋다고 생각합니다. 나도 할 말이 있다는 걸 알게 해주는 책은 드물거든요. 작가가 쓴 모든 문장을 철썩 믿게 되는 책도 좋지만, 이 책을 쓴 작가와 한판 제대로 맞짱 뜨고 싶은 책도 꽤 좋구나 생각합니다. 누군가 나를 어떻게 생각할까, 하는 질문을 내려두고 쓰는 자는 이런 자유와 힘을 갖게 된다는 것을 배우게 돼요. 이것이 그가 할 수 있는 온전한 역할이라는 생각이 듭니다. 그가 갖게 되는 모든 의문과 문제들 중 그의 삶과 이어지지 않는 것이 없어요. 그는 그렇게 살아온 사람이고, 그래서 그것이 문제로 보입니다. 그럼 나는 어떤 사람이고, 어떤 것이 문제로 보일까요?

　기꺼이 자신을 장작으로 삼아 큰 불을 만드는 이 작가를 마구 욕하고 싶다가도, 한편 애달픈 마음이 들기도 합니다. 어딘가 계속 쫓기고 있는 것 같거든요. 그 나름대로 이 글에서 저 글로, 도망을 즐기는 법을 터득한 것도 같고요. 여러분은 실패한 곳에서 어떻게 다시 시작하십니까? 어디로 도망가세요? 가장 훌륭한 도망자를 보신 적이 있는지, 잘 탈출하는 비법을 알고 계신지 궁금해요. 멀리멀리 달아났을 때 그곳에 무엇이 있던가요. 소중한 비밀로 간직할테니, 여러분이 본 것을 말해주세요. 다음 주에 만나요!

여전히 서툰 도망자,
양다솔 드림

(추신)

가장 도망치고 싶었던 순간은 언제였나요?
(지금이라고요? 가지 마세요!)

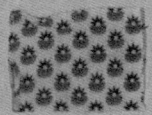

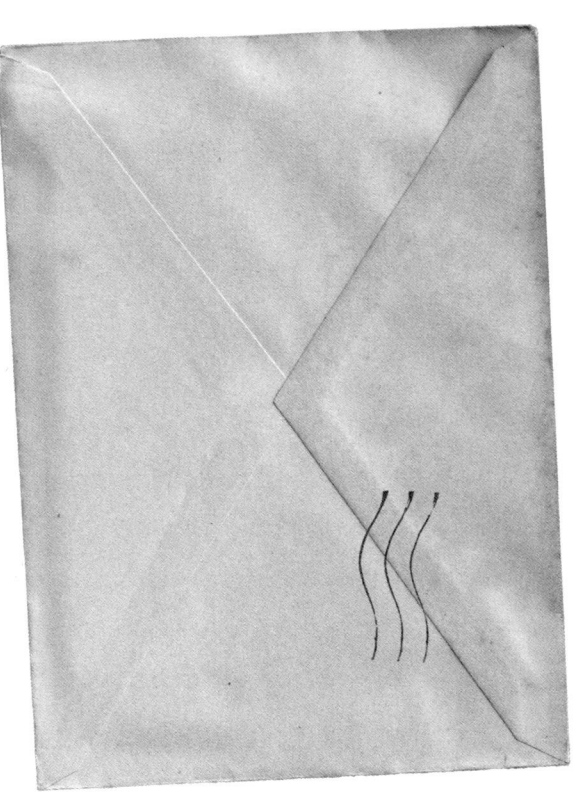

(이 주의 글감 · 분노하게 하는 발작 버튼)

폭발 3분 전!

여러분은 이 시간을 맞이하기 위해 생각보다 오래 기다렸는지도 모릅니다. 쓰기는 알 수 없는 현상처럼 여러분에게 펼쳐졌겠지만, 아주 오래 전부터 작은 돌멩이를 줍듯 어떤 마음이 모여왔을지도 모릅니다. 작가라는 말은 글을 잘 쓰는 사람을 뜻하지 않는다는 것, 혹시 아실까요? 만약 잘 써야만 작가라면 작가의 자격을 부여받기 위해 모두가 평생을 써야 할지도 모릅니다. 잘 쓴다는 개념은 추상적이고 모든 사람의 입장에서 제각각이기 때문이죠. 작가는 그저 쓰기로 마음먹은 사람에 가깝습니다. 태도죠. 쓰기라는 공간 안에서 오랜 시간을 보낸 사람을 뜻하기도 합니다. 빈 문서에 글자 몇

자가 내리기를 오래 기다려온 사람. 왁자지껄 놀다가도 집에 돌아가 기꺼이 혼자가 된 사람. 자꾸만 찾아오는 고독을 값싼 어떤 것과 맞바꾸지 않은 사람이죠. 하여튼 작가는 작심에 달려 있습니다. 시인 릴케의 문장을 소개하고 싶습니다.

> 무엇보다도 먼저, 당신이 맞는 밤의 가장 고요한 시간에 '나는 쓰지 않으면 안 되는가'라고 자신에게 물어보십시오. 이 진지한 물음에 굳세고도 단순하게 '나는 쓰지 않을 수 없다'는 말로 대답할 수가 있다면, 그때에는 당신의 생활을 이 필연성에 따라 구축하십시오.
> _ 라이너 마리아 릴케, 《젊은 시인에게 보내는 편지》, 문예출판사, 17쪽.

아마 여러분은 '아니, 나는 안 써도 완전 괜찮은데'라고 생각했을지도 모릅니다. (그게 바로 접니다.) 하지만 여러분, 여러분은 이 질문에 대답할 필요가 없습니다. 이미 '나는 쓰지 않으면 안 되는가?'라는 질문의 답으로 이 책을 펼쳐들었기 때문이죠. 여러분은 이제 '쓰는 것의 필연성' 앞에 섰습니다. 쓸 것이냐 말 것이냐는 이 책을 펼치기 전까지의 질문입니다. 여러분 앞에는 이제 그저 '무엇을 쓸 것인가'만 남아 있습니다. 질문이 한 걸음 앞으로 이동한 것입니다. 쓸 것인가

말 것인가 고민하던 힘이 무엇을 쓸까로 옮겨왔을 때 어떤 힘을 발휘할지, 저는 기대됩니다.

새로운 고민 앞에 선 여러분에게 드릴 주제는 바로 나를 화나게 하는 '발작 버튼'입니다. 아주 괴팍한 누군가도, 어떤 온화한 누군가도 이것을 가지고 있지요. 아주 잘 보이는 곳에 있기도 하고(첫 만남에 보여주기도 하고) 아무도 안 보이는 곳에 숨겨놓기도 하지요. 저마다 자신만의 기준으로 '이것만은 절대 안 돼!' 하는 것을 가지고 있습니다. 그것은 누가 정해줄 수 있는 것도 아니고, 오롯이 나의 맥락 안에서 탄생합니다. 나라는 사람의 매뉴얼을 누군가에게 제공할 수 있다면, 그 안에 '절대 하면 안 되는 것' 카테고리에 꼭 써넣을 만한 어떤 지점. 여러분에게는 무엇인가요? 설마 없습니까? 안 되는 게 없다고요? 저는 그런 사람이 제일 무섭더라고요. 스스로를 모르는 사람….

가장 최근에 저를 화나게 했던 것은 "감정을 빼고 얘기해"라는 말이었습니다. 저 말을 듣자마자 체하는 느낌이 들었어요. 언젠가부터 이 사회는 화내는 것을 금기시하게 된 것 같아요. 화내는 사람을 감정적으로 해결하는 사람, 비이성적인 사람, 유난 떠는 사람으로 치부합니다. 부당한 상황에서 진정으로 화를 내야 하는 상황에 있는 사람들조차 어떤 말도 하지 못하는 경우가 많습니다. 화를 내야 할 때 화를 내지 못한 경험, 그것은 마치 스스로 입힌 상처처럼 깊은 내상이 되어 남는 것 같기도 합니다. 소란을 일으키지 않으려 자꾸만 화를 안으로 삭이다 보면 어느새 화내는 방법 자체를 잊게 되는 것 같아요. 자꾸 소리지르고, 억울함을 털어놓고, 부조리를 폭로하고, 자신의 권리를 분명히 말하는 연습을 해야, 내가 진짜 화내야 할 때 화낼 수 있는 사람이 된다고 생각합니다. 마음껏 울지도, 마음껏 화내지도 못하는 때가 어쩌면 가장 답답한 순간 아닐까요.

그러고 보면 가장 화가 나는 순간은 가장 소중한 것 옆에 이웃처럼 붙어 있는 것 같습니다. 내가 가장 지키고 싶은 것 옆에 가장 위험한 버튼이 있는 거죠. 내가 무엇에 분노하는가 하는 질문은 내가 무엇을 가장 소중하게 여기는지를 알려 주는 것 같습니다.

생각만 해도 화가 나는 주제가 떠올랐다면 우선 몸을 말랑하게 할 수 있는 일들을 해봅시다. 좋은 향기나 음악, 맛있는 음식을 주세요. 가벼운 스트레칭도 좋고, 야트막한 언덕을 올라갔다 내려오는 산책도 좋습니다. 시원한 바람을 얼굴에 맞혀줍시다. 그렇게 유연해진 몸과 마음으로, 분노라는 감정과 그 너머의 자신의 진심을 찬찬히 직면해보세요. 호랑이 굴로 들어가듯 그때로 걸어들어가 보자고요. 하여튼 이번 주만큼은 여러분이 일방적으로 누굴 뭐라고 해도 다 어려분의 편이 되겠습니다. 참을 수 없는 것, 생각만 해도 화가 나는 것을 잘 알려주셔야 합니다. 저는 일단 여러분의 발작버튼을 잘 익힌 뒤, 절대 누르지 않기로 할 테니까요. 화가 나게 한 쪽이 무조건 잘못입니다.

확실한 당신의 편,
양다솔 드림

(추신)

발작 버튼에 대한 글을 쓰다가 점점 더 화가 솟구친다면,
화가 잠잠해질 때까지 마구 동그라미를 그려보세요.

{ 이 주의 글감 · 삶을 연장시키는 절망들에 대하여 }

빈 문서 너머의 얼굴

여러분은 글을 쓸 때 어떤 얼굴을 떠올리시나요. 빈 화면은 여러분에게 어떤 존재인가요. 글방 동료인가요? 아니면 이 세상에 없는 누군가? 불특정 다수? 가족? 친한 친구? 애인? 고양이?

첫 문장의 발단은 어떻게 시작되나요. 길을 걷다가? 침을 삼키다가? 개찰구를 빠져나오다가? 똥을 밀어내다가? 누군가와 다투다가? 바닥을 쓸다가?

문장을 뻗어내는 여러분의 자아는 어떤 성격을 가졌던가요. 화가 났나요? 상냥한가요? 소심한가요? 진중한가요? 까다로운가요?

저는 오랜 시간 빈 문서 창을 무생물처럼 생각했던 것 같습니다. 벽이나 벼랑 같은 것이요. 그 앞에서 어떤 태도로 이야기를 시작해야 할까, 어려울 때가 있었죠. 한참을 헤맨 후에야 그 너머에 얼굴이 있다는 사실을 깨달았어요. 우리의 이야기는 빈 문서를 넘어 어떤 얼굴들에게 가 닿습니다. 빈 문서를 사이에 두고 서로를 바라보고 있죠. 유독 쓰기를 시작하기가 막막하면 저는 빈 문서 너머 얼굴을 상상하곤 했습니다. 여러분도 내 앞에 놓인 빈 문서가 누구일까 상상해보세요. 때로는 가장 익숙하고 편안한 오랜 친구일 수도 있고, 살면서 한 번도 마주칠 일이 없는 낯선 사람일 수도 있을 겁니다. 생각만 해도 가슴이 떨려오는 사람이거나, 부르르 화가 나는 사람일 수도 있습니다. 그 사람에게 무슨 이야기를 하고 싶나요?

벽이나 벼랑, 숲이나 바다에게 쓰는 것이 훨씬 편안한 분들도 있을 것입니다. 중요한 것은 빈 문서는 여러분이 원하는 어떤 존재든 될 수 있다는 것이죠. 이야기에 따라 다양한 얼굴을 그려보세요. 얼굴이 분명해지고, 내 마음의 색이 분명해지는 순간 막막했던 첫 문장이 풀리기도 합니다. 그렇게 글을 시작해볼 수도 있을 것입니다. 꼭 편지를 쓰는 것처럼요. 저는 다양한 시도를 통해 제가 까불거리며 쓸 때가 가장 즐겁다는 것을 알았습니다. 어느 때보다도 겁 없이, 친한 친구들에게 말하듯이 밑도 끝도 없이 까불거릴 때 가장 신이 납니다. 쓰다가 나도 모르게 어깨를 들썩이며 웃어버리고, 혼자서 키득대며 문장을 소리내 읽어가며 글을 쓰기도 합니다. 이때 쓴 문장은 제가 차분하거나 슬플 때 쓴 문장과 전혀 다른 느낌을 갖고 있습니다. 같은 내용이더라도 완전히 다르게 쓰여요.

여러분도 느끼기 시작하셨을 것입니다. 내 안에는 수많은 내가 있어서, 내가 쓴 글이라도 전부 다른 느낌을 가진다는 것을요. 어떤 상태, 어떤 마음으로 쓰느냐가 글을 완전히 바꾸기도 한다는 것을요. 계속 쓰다 보면 여러분은 어떤 태도를 찾게 될 것입니다. 글을 쓰는 것이 조금 덜 힘들어지는 태도요, 덜 힘듦을 넘어서 조금 즐거워지는 태도요. 물론 이런 순간은 자주 찾아오지는 않습니다. 이 작은 마법을 위해 현실 속에서 갖춰져야 하는 조건들을 하나둘씩 발견하고 계실까요? 집중이 잘 되는 시간대와, 먹어야 되는 음식의 양, 틀어야 하는 음악, 적절한 습도와 온도, 책상에 두어야 하는 물건, 하루 동안 해야 하는 말의 양 같은 것들이요.

그런 거 다 모르겠고 내 글은 한없이 제자리걸음을 하는 것 같다, 하고 느끼시는 분들도 계실 테지요. 그러나 과연

그게 정말 계속 반복될까요? 그것은 꾸준히 쓰는 자만이 알
수 있을 것입니다. 즐거운 사실 하나를 상기하자면, 우리는
다음 주도 쓸 거라는 것이에요. 이번 주 글이 흐렸거나 폭풍
우가 몰아쳤대도 다음 주는 맑게 갤 수도 있다는 것입니다.
지나간 글들은 훌훌 털어버려도 좋아요. 매번 다시 출발점에
서서 이야기를 시작할 수 있다는 용기만을 가지고 갑니다.
우리에게는 이야기를 가져갈 공간과 빈 문서 너머 좋은 사람
들이 기다리고 있으니까요.

    혹시, 잘 쓰려면 우선 잘 살아야 한다는 비밀을 눈치채
신 분들도 있을까요? 여러분의 글을 볼 때마다 발견에 대해
생각합니다. 이 사람은 어쩌다 이 순간을 발견하게 되었을
까, 어쩌다 이 마음에 주목하게 되었을까 하고 곱씹어봐요.
삶의 매 순간을 글로 쓸 수는 없죠. 여전히 우리는 쓴 순간보
다 쓰지 않고 지나간 순간이 많을 것입니다. 그렇기에, 문장
이 된 것의 이전에 대해 종종 생각합니다. 아마 눈에 보이지
않는 기체 같은 것이었겠죠. 그것이 여러분의 머리와 마음과
몸의 곳곳을 지나 손끝에서 문장이 되었을 것입니다. 거의
아무 일도 아니라고 할만한, 당신의 시선이 미세하게 오래
머물렀던 몇 초가 그 문장을 발생시켰을 것입니다.

    그 이전에는 무엇이 있었어야 할까요. 아마 부지런해야

겠죠? 부지런히 살피지 않았으면 발견하지 못했을 거니까요. 눈을 감고 귀를 닫고 무심히 지나쳐갈 수도 있었는데 말이죠. 기쁨이건 슬픔이건 그것을 온전히 겪어냈기에, 부지런히 살펴냈기에 당신은 어떤 것을 발견합니다. 같은 상황에 있었어도, 저라면 아마 보지 못했을 거라고 생각할 때가 많습니다. 그런 당신이 되기까지 또 수많은 순간들이 쌓였을 것입니다. 당신이 발견했던 한 감정이나 감각에서부터 글은 쓰이기 시작했고, 바로 그것이 내 눈앞에 문장으로 와서 무척 다행이라고 생각합니다. 그것이 글이 되기 이전의 그 기체 상태의 따듯함, 삶에 대한 사랑을 읽습니다.

이번 주제는 슬픔입니다. 여러분은 어떤 것을 동력으로 사는 사람인가요? 어떤 것으로 구성되었다고 생각하나요. 혹자는 그것이 기쁨일 수도 있겠지만, 저는 슬픔이 굉장한 삶의 동력이라고 생각합니다. 기쁨이 없는 삶은 있을 것 같은데, 슬픔이 없는 삶은 없을 것 같거든요. 이번 주의 주제는 이름하여 나의 부지런한 슬픔, '삶을 연장시키는 절망들에 대하여'입니다. 삶이 뜻대로 살아지는 사람이 있을까요? 저는 '없다'에 크고 무거운 한 표를 던지겠습니다. 그 사실이 무척 위안이 되고, 무척 짠해지기도 해요. 어떤 유능하고 아름답고 멋진 존재도, 뜻대로 되지 않는 어떤 것에 매 순간 번

뇌하고 있다고 생각하면요. 모두 각자의 크고 작은 절망들이 있습니다. 그 사람이 되지 않는 이상 절대 알 수 없는 슬픔들, 죽을 때까지 한번 제대로 언어가 되어보지 못하는 절망의 마음들이요.

오롯이 나로부터 시작된 슬픔과 기쁨이 있을 수 있을까요. 나 혼자서는 나를 알 수가 없습니다. 거울이 없으면 스스로를 볼 수 없는 것처럼, 우리는 나를 둘러싼 세상에 나를 비추며 보게 됩니다. 나를 스쳐간 존재들은 보이게, 혹은 보이지 않게 내 안에 남아 살게 됩니다. 누군가에게 무시받고 배제되고 오해받는 경험은 특히 오랫동안 상흔을 남깁니다. 그 감정과 질문들을 꼭꼭 씹어 삼키고 소화하고 답을 찾아내는 데 평생이 걸리기도 합니다.

그것은 나를 둘러싼 것들로부터 발생되고, 그렇기 때문에 나의 정체성에 뿌리를 둡니다. 나를 구성하는 상처와 흔적들은 내가 세상을 바라보는 시선을 굴절시킵니다. 그것이 곧 자신만의 관점이 되지 않는가 하고 생각합니다. 저는 자주, 세상에 나같은 사람은 나밖에 없다는 생각에 빠지곤 합니다. 그것은 퍽 외로운 감각입니다. 여러분은 그런 생각 들지 않으시나요? 어쩌면 나는 세상에서 배제되었고, 공동체에 소속되지 않았다 단절감이 듭니다.

하지만 때로 그런 생각이 들기도 합니다. 나와 같은 사람이 많은데, 그저 보이지 않는 것뿐이라면? 분명 존재하고 있어도, 못나고 대단할 것 없는 얘기라며 숨죽이고 있는 것이라면? 지쳐서, 실망스러워서, 용기가 없어서, 시간이 부족해서, 힘이 달려서 써내지 못하고 있는 것뿐이라면요. 그렇게 보이지 않게 되고, 보이는 것이 전부인 세상에서 존재하지 않게 되죠. 현재를 빠르게 과거로 밀어버리면서 여러 슬픔들을 잊습니다. 삶은 원래 이렇다고 애써 받아들이면서요. 그래서 저는 더 많은 슬픔들이 보였으면 좋겠다고 생각합니다. 그것은 컴컴한 밤바다에서 환하게 빛을 비추고 있는 작은 배들처럼 보일 거예요. 세상은 내 생각보다 넓고, 생각보다 무척 다양한 존재들이 살아가고 있고, 그래서 나 역시 살아가도 괜찮다고요.

그 사람이 힘들었다는 얘기를 쓰는 것뿐인데, 슬픔은 이야기가 되는 순간 누군가를 안아주는 것 같습니다. 참 신기합니다. 그건 잘나고 기쁘고 아름다운 것이 결코 할 수 없는 영역인 것 같아요. 금주에 소개할 읽을거리는 백상현 작가의 《속지 않는 자들이 방황한다》라는 짧은 책입니다. '세월호에 대한 철학의 헌정'이라는 부제에 맞게, 한 철학자의 세월호에 대한 응답입니다. 그리고 무엇보다 진리에 관한 책입니다. 철학이 어떤 계기로 탄생했고, 어떤 이유로 존재하며, 어떻게 작동하는지 이처럼 명료하게 쓰인 책은 처음이었습니다. 철학이 살아 움직이는 정동, 그리고 우리 앞에 놓인 세월호라는 거대한 슬픔을 어떤 방식으로 함께해야 할지 이 책은 섬세하고 따스하고 명료한 방식으로 제시합니다.

저자는 '철학은 슬픔과 사건으로 가 그 옆에서 그것을 해석하고 증언하는, 친구가 되어야 한다'고 말합니다. 내 하루에는 얼마나 많은 타자의 시간이 있을까. 나의 삶을 스스로 살기 위해 나는 얼마나 용기 있게 방황해왔을까 질문하게 됐어요. 기분 좋은 두통이 찾아오는 것 같았습니다. 문장들은 별다른 꾸밈이 없는데도 시처럼 아름답고, 한 글자 한 글자가 저를 구원으로, 더 나은 방황으로 인도하는 듯 했습니다.

저에게 이 책은 슬픔에 관한 성경 같은 책이에요. 철학은 죽은 사람들의 생각이 아닌, 우리의 곁에서 역사를 함께 살아내고 응답하는 모든 것이 될 수 있구나 알게 됐습니다. 작지만 절대 작지 않은 책이에요. 한 부분만 떼어올 수 없을 정도로 모든 내용들이 서로를 돕고 있어, 저는 매년 4월이 되면 이 책을 다시 펼쳐보곤 합니다.

우리도 이번 주는 슬픔에 빠지기 보다, 스스로의 슬픔

의 현장으로 가 그것을 해석하고 증언하는 친구가 되었으면 합니다. 슬픔은 지금까지 내가 당연하게 바라봐왔던 많은 것들을 깨어내주고, 생각지 못했던 것들을 생각하게 만듭니다. 그전과 다른 나를 만들어줍니다. 저도 언젠가 나를 죽고 싶게 했던 절망들을 넓게 펼쳐내보고 싶다고 생각해요. 그저 슬프고 말 수도 있습니다. 그것은 개인적인 일이고, 못난 것이고, 그래서 그냥 잊어버릴 일이라고요. 그러나 그러기에 슬픔은 무척 좋은 글감입니다. 슬픔을 슬픔으로 두지 않는 것, 그것이 쓰는 사람의 가장 멋진 일이 아닐까요?

가장 달콤한 디저트에는 꼭 소금 한 꼬집이 들어간다는 사실을 알고 계신가요? 아주 상반되는 어떤 것이 함께일 때, 오히려 가장 조화롭게 기능하는 것 같습니다. 우리는 행복한 순간에도 아주 조금은 슬프고, 슬픈 순간에도 아주 조금은 기쁘다고 저는 생각해요. 그런 아주 작은 부분을 놓치지 않는 것이 쓰는 사람의 일이라는 생각이 듭니다. 생생하고 발랄하고 유쾌한 슬픔, 찐득하고 무겁고 짙은 슬픔, 개나리처럼 피고 벚꽃처럼 흩날리고 버드나무처럼 나부끼는 슬픔을 기다립니다. 미적지근하고, 그저 그렇고, 비슷비슷한 슬픔은 거절하겠습니다. 어느 하나 똑같은 슬픔은 없고, 슬프지 않은 생 같은 것은 없으니까요. 여러분을 잘 살게 하는 슬픔들을 기다리며 편지의 문을 닫으려 합니다. 그럼 이만!

여러분의 얼굴을 상상하며,
양다솔 드림

{ 이 주의 글감 · 기쁨의 해체 }

인생이라는 실험실

처음 클라리시 리스펙토르의 《달걀과 닭》이라는 책을 펼쳤을 때는 어리둥절했습니다. 분명 한글로 쓰인 글인데 하나도 알아들을 수 없었거든요. 그것은 마치 배운 적 없는 수학 공식이나 화학 기호처럼 낯설었습니다. 단어 하나하나는 친숙하고 익숙한데 그것의 나열과 사용 방법은 완전히 낯설었죠. 새로운 질서였달까요. 마치 얼음이 뜨겁고 불이 차가운 것 같았죠. 그녀와 내가 같은 세계에 있는 것이 맞나 싶었습니다. 누군가 그녀를 인생의 작가로 꼽을 때마다 소외감을 느꼈습니다. 클라리시 리스펙토르는 칭송받는 거장이었죠. 어떻게 그 글을 이해할 수 있냐고 물으니 친구는 웃으며 《야생의 심장 가까이》라는 책을 건네줬어요. 그것은 리스펙토르가 스물세 살 때 쓴 그녀의 데뷔작이었습니다.

    국내에는 상대적으로 최근에 소개된 이 책은 강렬한 표지에 한 손에 딱 들어오는 크기였습니다. 비교적 책장이 가볍게 넘어갔습니다. 더 상냥하게 다가와주었달까요. 브라질의 무명작가였던 리스펙토르는 인세 대신 책을 100부 받는 조건으로 이 책을 출간합니다. 훗날 브라질 문학계의 판도를 바꾸는 작가의 첫걸음을 볼 수 있는 작품이죠. 주아나라는 한 여성의 사고를 따라가며 전개되는 이 책은 현실과 환상을 넘나들며 내가 익숙하게 느꼈던 세상과 감각의 충돌을 느끼게 합니다. 빠르고 불안정하며 과감한 문장이 꼭 살아 움직이는 것만 같습니다. 이후 더욱 견고하게 완성되는 리스펙토르의 우주가 시작되는 지점이죠. 이때는 리스펙토르 자신도 미래에 《달걀과 닭》 같은 수작을 쓸 줄 몰랐을 겁니다. 무언가가 막 시작되고 있었고, 조금 망설이고 있었고, 헷갈려 하면서도 분명히 빛나고 있었습니다.

    때로 이런 순간에, 여전히 살아봄직하다는 기분을 느낍니다. 저는 자주 절망하는 편의 사람인데요(별로 그렇게 안 보이죠?), 제가 계속 살아가는 이유는 불확실성과 망각입니다. 과거에 대한 망각, 그리고 미래에 대한 불확실성이요. 이

두 단어는 부정적인 느낌이 있지만 강력합니다. 그리고 저에게만큼은 희망이라는 단어와 다름이 없습니다.

　우리는 지금까지 살아온 모습은 모두 다르지만, 미래를 알 수 없다는 점에서 같습니다. 내일이 어떤 식으로 우리의 예측을 배반할지 살아보지 않고서는 알 수가 없지요. 아직 긁지 않은 복권처럼요. 궁금해서 긁지 않고는 못 참겠어요. 모든 것이 낙첨일지라도 말이지요. 어제는 희미하고 내일은 알 수 없습니다. 쓰는 일도 마찬가지입니다. 지금 여러분이 쓰는 글이 여러분의 종착역이 될 거라는 보장은 없습니다. 여러분이 어떤 글을 쓸지, 어디까지 어떻게 쓸 수 있을지 아직 누구도 모릅니다. 우리는 이제 막 걷기 시작한 것입니다. 이미 쓰여진 작품들과 나를 비교하며 '나는 저렇게 될 수 없어' 하고 생각하는 것은 쉬운 판단입니다. 맞아요, 누구도 하루아침에 그런 글을 쓸 수 없습니다. 빼어난 작품을 쓴 작가도 자신이 어디에 도착하게 될지 모르는 채로 앞으로 나아가는 시간을 지닙니다. 그저 다음에 무엇을 쓸지 고민하며 망각과 불확실성 사이에서 다음 글과 그 다음 글을 써 내려가고, 자신의 길을 걸어나갑니다.

　내 손이 충분히 어떤 이야기를 쓸 만큼 단련되어 있을 때, 어떤 이야기를 쓸 수 있게 될지는 써봐야만 알 수 있습니다. 이 삶에서 내가 어떤 모습이 될지 살아보기 전까지는 알 수 없는 것처럼요. 계속 쓰는 이상 우리는 조금씩 그 모습을 찾아갑니다. 분명히, 매일 조금씩 나아집니다. 먼 시간 앞에서, 어떤 이야기가 내가 찾아오기만을 기다리고 있을 수도 있습니다. 저는 이것이 여러분이 작가가 되든 되지 않든 중요하다는 말을 하고 싶습니다.

우리는 완전히 독립된 한 명의 개인이면서, 이 세계의 일부이기도 합니다. 세계의 일부라는 말은 알듯 말듯 하면서도 굉장히 추상적입니다. 내가 배고프고 피곤하고 또는 무언가를 좋아하고 원하고 괴로워하는 것은 알겠지만, 내가 뭔가를 보고 듣고 만지고 맡고 맛보는 것은 알겠지만, 사실 그것이 이 세계와 무슨 관계가 있는가 싶죠. 저는 제가 매일 느끼는 행복과 불행이, 지금 우리가 살고 있는 이 한국이라는 나라와 서울 혹은 어느 지역, 지금 이 시간을 사는 이 세대의 문화와 결코 무관하지 않다고 느낍니다.

내가 매일 걷는 길, 내가 맺는 관계, 내가 사는 공간과 내가 욕망하는 것이 바로 지금 이 시간과 공간이기에 가능하다고 느낄 때가 많습니다. 단 하나의 조건이라도 바꿔서 생각해보세요. 이 나라가 아니었다면, 이 시대가 아니었다면, 내가 이 나이가 아니었다면, 이 직업이, 이 성별이 아니었다면 어떻게 달랐을까 하고요. 내가 감각하는 '나'라는 세계가 사실은 촘촘한 레이어와 세계의 신호로 이루어졌다는 것을 느낄 때마다 놀라움과 동시에 조금은 해방감을 느낍니다. 늘 어딘가를 향해 달리는 자동차들처럼, 바람이 불어서 나부끼는 나뭇잎처럼, 파도에 쓸려가는 모래처럼, 나도 그저 나만의 방식으로 세계의 일부라는 생각을 합니다. 나 자신이 조금 자연처럼 느껴져요.

리스펙토르도 그런 실험을 한 것이 아닐까 합니다. 우리가 마냥 푹 빠져 있던 기쁨과 슬픔에 대해 기호적으로 기록하고 관찰하려 했던 것이죠. 아주 극적으로, 내가 느끼는 감각이나 감정을 촘촘하게 분절해 자아를 잠시간 벗어두고, 마치 한 명의 인간으로 관찰해본 것이죠. 인생을 실험실로 두면서요. 그 흔들리고 빛나는 언어가 무척 아름답습니다. 한 사람이 얼마나 나약한지, 얼마나 투명한지 알게 하는 것 같아요. 내가 너무도 쉽게 나의 일부라고 믿었던 이 감각들에 대해 새로운 질문을 던지게 됩니다. 나는 무엇을 기쁨이라고 정의할까? 어떤 감각을 기쁘고 슬픈 것으로 인식할까? 그것이 오해이거나 너무 섣부른 호명은 아니었을까.

어떤 감각들의 모음을 기쁨이라 부르면 그것은 그저 좋은 것일 수도 있지만, 막상 그것을 하나하나 펼쳐 살펴보면 그 맛은 다양할 수도 있습니다. 환희와 같은 감정 옆에 두려움과 의심도 함께일 수 있습니다. 저의 기쁨을 먼저 해체해볼까요. 저는 앞서 말한 절망이 계속되다가 어느 순간 멈추고, 이내 텅 비어버리다가, 다시 불확실성으로 가득 차버리는 그 변화 속에 기쁨이 숨어 있는 것 같습니다. 잠시 절망이 멎고 그것을 잊었다는 것도 잊은 채 잠시 비어버린 순간. 그리고 다시 그것을 인식했을 때 차오르기 시작하는 불확실성에 대한 불안. 그 짧은 순간의 놀라움, 당혹, 떨림이 제 기쁨의 맛인 것 같아요. 단맛도 있지만 약간의 신맛, 쓴맛이 섞여 있죠. 저의 기쁨은 절망과 불확실성 사이에서 엎치락뒤치락하지만, 언젠가 달콤한 즐거움만을 마음껏 누려보고 싶습니다.

여러분은 어떤 순간을 기쁨이라 말하시나요. 그것을 예쁜 보자기를 풀듯이 하나씩 해체해볼 수 있을까요? 나라는 것이 천천히 해체되어 세계로 흩어질 때, 내가 아니라 하나의 이야기가 될 때, 이 세계의 어딘가에 있는 나의 위치를 확인할 때의 기쁨은 오롯이 이야기하는 사람의 것이라는 생각이 듭니다. 나를 이야기로 만들 수 있는 가장 훌륭한 화자는 나니까요.

그러니까 내가 잔뜩 묻은, 세상이 잔뜩 묻은 이야기를

해주세요. 저는 이미 쓰인 이야기보다, 아직 쓰이지 않은 여러분의 이야기가 궁금합니다. 그것은 아직은 글자가 되지 않았을 뿐이에요. 저는 이제 막 태어나고 있는 여러분의 초기작을 보고 있을 뿐이니까요. 나와 세계를 넘어 여러분이 짓게 될 세상을 이제 막 찾아다니고 있을 뿐이니까요. 저는 조용히 기다리고 있을게요. 곧 만나요!

함께 걷는 동료로부터,
양다솔 드림

(추신)

'기쁨'을 둘러싼 상황과 감각을 먼저 구체화해봅시다.
최근 기뻤던 순간들을 복기해보세요. 어떤 상황이었는지,
누구와 있었는지, 무엇 때문에 기뻤는지 세세하게요.
그리고 그때 나의 신체 반응을 떠올려보세요.
나는 웃었나요, 살짝 수줍어졌나요, 몸에 긴장이 들어갔나요,
눈물이 날 것 같았나요. 기쁨이라는 감정의 껍질을 하나씩 벗겨보자고요.

{ 이 주의 글감 · 상실의 시간 }

서로 그늘을 내어줄 때

얼마 전에 넘어져서 무릎을 살짝 다쳤습니다. 그 순간 다쳤다는 슬픔과 고통의 감각보다 먼저 닥친 것은 내가 무릎을 갖고 있었구나 하는 자각이었어요. 너무 명백한 사실임에도 그걸 잊고 있었던 것이죠. 그전까지 저는 제가 아무것도 가진 것이 없는 사람이라는 생각에 완전히 빠져 있었는데, 그 순간 내가 건강한 무릎을 가진 사람이었다는 것을 알았습니다. 잃은 뒤에야 알게 된 것이죠. 그리고 이어서 드는 생각은, 절대 잃지 않을 수 있는 것은 무엇일까 하는 것이었습니다.

　　상실을 겪은 사람은 필수적으로 불멸에 대해 갈망하기 시작하는 것 같습니다. 안전한 것, 절대 소멸하지 않는 것, 영원한 것…. 그런데 정작 가지고 있는 순간에는 잘 모르는 것 같아요. 또는 별로 중요하게 생각하지 않는 것 같습니다. 제가 그걸 잃기 전까지, 그것을 가졌다는 사실을 상기하며 기뻐하는 일은 없었거든요. 어쩌면 지나간 자리만이 그 존재감을 갖고 있는 걸까요? 비로소 잃어야만 그 존재를 알게 되는 걸까요. 분명한 것은, 무언가를 잃었다가 그것을 되찾고 제자리로 돌아온다는 것은, 절대 같은 자리로 돌아오는 것이 아니라는 겁니다.

　제 무릎은 곧 낫겠지요. 언젠가 아픈 적이 있었다는 것조차 잊을 정도로 깨끗이 나을 겁니다. 이내 저는 제가 건강한 무릎을 가졌다는 사실을 또다시 잊겠지요. 하지만 언젠가 같은 곳을 똑같이 다치게 된다면 처음과는 다른 깊이의 감각이 찾아올 겁니다. 상처는 흔적을 남기기 때문입니다. 어쩌면 수많은 상실을 다양한 깊이로 겪어본 사람만이 자신이 무엇을 가졌는지 감각할 수 있지 않을까요. 삶을 통째로 빼앗겨본 사람만이 삶이 무엇인지 알지도 모릅니다. 우리가 얼마나 가졌는지 안다는 것은, 얼마나 잃어봤는지와 같은 질문일지도 모릅니다.

　죽은 것 같아 보이는 나무에서 너무나도 새 것의 잎이 나듯이, 텅 비어야만 새로운 것들로 채울 수 있듯이, 잃는다는 것은 새로운 시작이고 커다란 배움인데도 어째서 이리도 아찔한지 모릅니다. 생각만 해도 끔찍해서 다시는 겪고 싶지 않습니다. 때가 되면 기다렸다는 듯 단호하게 모든 것을 떨궈버리는 나무가 그저 신기하기만 합니다. 저는 상실의 정수리만 보여도 몸과 마음이 움츠러들고, 어떻게든 상처받지 않으려고 애쓰는 것 같거든요.

가진 게 많은 사람은, 가진 게 없는 사람을 도와줄 수 있지 않을까. 은연중에 그런 생각을 해왔던 것 같습니다. 행복하고 부유하고 여유로우니까. 힘이 넘치고 건강하니까. 불행하고 힘에 부치는 이를 끌어주고 부축해줄 사람은 더 많이 가진 사람이 아닐까 생각했어요. 그런데 한 친구가 전혀 다른 말을 했어요. "행복한 사람은 너의 마음을 절대 알 수 없어. 너만큼 불행한 사람, 혹은 너만큼 불행했던 사람만이 너를 도울 뿐이야." 그 말을 듣고 나니 선명해지는 장면들이 있었습니다. 그의 말이 맞다는 걸 알 수 있었어요. 가진 이들이 가지지 못한 이들을 살펴 도울 줄 알았다면 일단 지구가 이 모양이 아닐 것 같았거든요.

갑자기 어디선가 날아든 냄새처럼 떠오른 장면이 있습니다. 어릴 적에 몇 주 동안 산을 탄 적이 있어요. 저는 심심할 때마다 뒷산을 오르던 산동네 아이였기 때문에 산에 있는 건 노는 것과 비슷했습니다. 날다람쥐처럼 날아다녔어요. 그냥 되는 대로 걷다 보면 항상 무리에서 가장 앞서 있었습니다. 제 앞으로도 뒤로도 아득할 정도로 아무도 보이지 않았습니다. 정상에 올라서 땀을 식히다 못해 으슬으슬 추워질 만큼 한참을 기다려야만 일행들이 도착했습니다. 저는 대체 무엇이 너희를 그렇게 오래 걸리게 했느냐는 얼굴로 그들을 쳐다봤어요. 마지막 사람이 도착하기까지는 그로부터도 한참을 더 기다려야 했습니다. 그 사람이 왜 그렇게 늦을 수밖에 없었는지는 지금까지도 제 관심사가 아닌데요. 가장 꼴찌였던 사람을 밀어주고 끌어주던 이가 꼴찌의 바로 앞사람이었다는 것만은 기억합니다. 저는 그를 보면서 그런 생각을 했죠. '네 코가 석 자 아니니?'

'그늘이 있는 사람만이 누군가의 그늘을 알아볼 수 있다'라는 멋진 말을 제가 한동안 잊고 있었습니다. 저는 더 많은 그늘을 알아볼 수 있게 되었을까요? 내 코가 석 자일 때 난 뭘 했더라…. 마지막으로 뒤를 돌아본 것이 언제였나 생각해봅니다.

이번 주의 주제는 '상실의 시간'입니다. 사실 우리가 쓰는 모든 이야기는 상실에 대한 이야기이죠. 지금 이 순간조차도 말하자면 우리는 상실하고 있으니까요. 모든 이야기는 언젠가 있었던 일을 닮았으니까요. 그 순간이 지나가지 않았다면 쓸 수 없죠. 지나가서 다행이고 지나가서 아쉬운 순간들이 쌓이고 쌓여, 그중에 몇 가지만이 글이 됩니다.

하루가 인생처럼 느껴지는 순간이 있는 것 같아요. 아침에 새로 태어나고, 걸음마를 배우다가, 오후에는 신나게 뛰기도 하고, 그러다 서서히 걸음이 느려지고, 밤이 되면 일자로 누워 죽음을 맞이하는 것 같은 날. 살아갈수록 단순히 하루를 '행복했다' '슬펐다'라고 간단히 말하기가 어렵습니다. 오전에는 세상에서 가장 행복한 사람이었다가, 오후에는 죽지 못해 사는 사람이 되기도 하니까요. 그것을 체감하는 시차와 그것을 통과하는 속도도 매순간 다르게 느껴져요. 마지막 눈 감는 순간에는 어떤 생각을 하게 될지, 저는 그것을 예측할 수가 없어서 계속 사는 것도 같습니다.

여러분의 상실의 시간은 몇 시인가요? 여러분이 방황하는 속도는 어떤가요. 그 리듬은 어떤 음악에 빗대볼 수 있나요. 아주 소중한 것을 되찾은 것이 있으신지요. 영영 온전히 가져본 적 없는 것이 있으신가요. 내 거라고 생각했는데 아니었던 것은요. 무엇이든 좋습니다. 단, 자기 연민과 혐오에 빠지지 않도록 유의하세요. 독자가 자신만의 감상을 가지기 이전에 화자가 먼저 자신에게 불쌍함과 혐오를 느껴버리면, 그만큼 글 속에서 독자가 앉을 자리가 좁아지거든요. 상실이 슬픈 건 모두 압니다. 그러니까 다른 맛을 좀 첨가해봅시다.

    세상 안에서 나라는 사람의 경계를 찾으려 할 때, 상실은 그 지표가 될지도 모릅니다. 나는 상실 앞에서 멈춰서게 되고, 거기에 선을 긋게 되니까요. 말하자면 나는 무수히 많은 상실들로 만들어진 세계입니다. 상실에 대해서는 막상 쓰기가 두렵다가도, 쓰고 나면 정말 별게 아니더라고요. 쓰면 쓸수록 나의 거대한 상실은 그 글자만큼 작아지곤 했습니다. 그걸 꼭 쓰고 나서야 알게 되곤 했어요. 글에서만큼은 상실은 거대한 그늘로 드리워 사람들을 쉬게 하는 것 같아요. 나의 상실이 누군가에겐 쉬는 공간이 될 수 있다니 멋지지 않나요. 그러니 마침 나에게 그늘이 있다면 쉬고 싶은 누군가에게 내줍시다. 용기를 내어 써봅시다. 그냥 사는 얘기잖아요.

그늘에서,
양다솔 드림

{ 이 주의 글감 · 사랑을 사랑 없이 말해볼게요 }

하나뿐인 언어로 쓰인 고백

여러분! 좋은 글을 쓰는 방법을 알아냈습니다. 저의 글쓰기 인생 십수 년, 그토록 찾아 헤매던 비법을 드디어 찾았어요. 바로… '그냥 쓰기'입니다. 우하하하! 더 정확하게 말하면 '좋은 글이 나올 때까지 그냥 쓰기'죠. 결투를 신청하고 싶으신가요? 하하하하! 혹시, 지난 시간 동안 내 뜻대로 써지는 글이 있던가요? 여러분 손으로 직접 쓴 그 글들 말이에요. 이런 글을 쓰게 되리라고, 한 문장이라도 예측하셨나요? 솔직히 몰랐죠. 놀랐죠. 어이가 없었죠. 그것은 조금 괴상해 보이기도 하고, 사뭇 괜찮아 보이기도 하고, 에라 모르겠다 숨고 싶게 만들기도 하겠죠.

내가 바로 다음 주에 무슨 글을 쓸지, 그게 어떤 내용이 될지 나는 모른다는 거예요. 신도 모르실걸요. 분명 뭔가를 쓸 거라고 굳게 마음먹고 자리에 앉았겠죠. 앉기까지도 시간이 오래 걸렸을 겁니다. 두려움, 망설임, 기대, 욕심… 그렇게 막상 앉아서 첫 문장을 떼면 머리가 띵해지잖아요. '이게 아닌데. 내가 생각했던 건 훨씬 더 그럴듯한 무언가였는데. 뭐지?' 안개 속에서 길을 잃은 것처럼 헛걸음의 연속이죠. 마치 쓰이는 문장마다 새로운 길이 나타나는 것처럼 새로운 모퉁이를 마주칩니다. 아찔하죠. 그런데 멋지지 않습니까? 내가 뭘 쓸지 나도 모른다니요. 마술쇼 같잖아요.

재미있는 일화가 있습니다. 《H마트에서 울다》를 쓴 미셸 자우너는 본래 뮤지션인데요. 긴 글을 써본 경험이 전혀 없는데 단행본 계약을 하게 되어 두려움에 떨었답니다. 그래서 무작정 앉아서 머릿속에 떠오르는 걸 죄다 쓰기 시작했대요. 책 한 권이 될 수 있는 원고의 분량(약 8000단어)을 다 채울 때까지 일어나지 않았다고 합니다. 책 한 권 분량의 초고를 쓴 것이죠. 아무리 처음이라지만 정말… 용감하죠? 당해낼 수 없는 배짱입니다. 아마 자우너는 학생일 때 여름방학 숙제도 하루만에 다 몰아서 끝냈을 것만 같아요. 그런데 그 길고 두꺼운 초고를 쓰며 자신도 몰랐던 기억들을 수없이 마주쳤다고 합니다. 마치 무의식에 길을 내듯, 쓰다 보니 또 생각나고, 또 생각이 나서 잊었다고 생각했던 것들이 마구 튀어나왔대요. 문장이 문장을 부르고, 기억이 기억을 부르고. 쓰기 전에는 없던 기억이 쓰면서 되살아난다니, 신기하죠. 그래서 그 초고를 지도 삼아 다시 썼대요. 네, 다시 썼다고 합니다.

어떤 작가는 초고에 관해 이렇게 말합니다.

> 초고는 일인칭 시점이었는데, 쓰고 나서 이 소설이 삼인칭으로 쓰여야 하는 건 아닌가 신경이 쓰였고, 그래서 다시 썼다.
> 그러고 나서 삼인칭으로 쓴 글을 읽었는데, 이인칭 시점이 낫다는 걸 깨달았다. 나는 다시 쓰기 시작했고, 일인칭 시점으로 세 번째 초고를 썼다. 그 시점에서 원고는 12만 자 분량이었다.
> 편집자가 그 원고에 없던 몇 가지 사항을 제안했고,
> 다시 수정한 네 번째 초고는 6만 자였다.
> 네 번째 초고를 다 썼을 무렵 주요 등장인물과 이야기의 주제는 유지하되 전체적으로 완전히 다른 글로 다시 썼다.

으악! 좀 징그럽지 않나요. 좋은 글이 어느 날 뽕 나온 게 아니라, 좋은 글이 될 때까지 쓴 것이죠. 뻔뻔하고 고집스럽고 지독하게요. 분명한 것은, 좋은 글을 썼던 사람들은 필

연적으로 별로인 글들을 써왔다는 것입니다. 깔깔. 정확히 말하면 '별로인 글을 계속 써내는 나'를 참아온 것이죠. 거기, 당신! 변태스러울 정도로 완벽하고, 순수한 것을 갈망한다면, 자주 외롭고 공허하다고 느낀다면, 당신에게 글쓰기만 한 평생 놀이는 없습니다. 살면서 누구도 나와 비슷한 사람을 본 적이 없거나, 특유의 완고한 고집으로 인해 세계와 자주 갈등을 빚는 당신이라면, 글쓰기를 안 하면 제 명에 못 살지도 모릅니다. 주변에 당신을 상대할 만한 적수가 없거든요. 쓰기의 세상에는 가장 완벽한 나의 상대, 바로 내가 24시간 대기 중입니다.

그냥 쓰기. 그냥 하기. 그냥 살기. 그 어렵다는 '그냥 하기'를 여러분은 해냈습니다. 이게 어디 갈 것 같죠? 안 갑니다. 여러분 이름에 대롱대롱 매달려 있어요. 아, 그런데 여러분 그거 아세요? 생각보다 자기가 쓴 글이 좋은지 본인 스스로는 잘 모릅니다. 누군가 글을 계속 쓰고 있다면 그건 뒤에 누군가 있다는 뜻입니다. 당신의 글이 좋다고, 누군가 알려주고 있는 거에요. 일종의 보증인 제도이죠. 여러 명일수록 좋겠지만, 단 한 명이라도 상관 없습니다. 하지만 절대 혼자서는 계속 쓸 수 없어요.

그 글이 좋다는 걸 아는 사람이 최소 한 명은 필요합니다. 저만해도 그래요. 저는 지금 새로운 책의 출간을 앞두고 있는데요. 제 뒤에는 편집자님이 계십니다. 저는 오롯이 편집자님이 좋다고 해서 그 말만 믿고 책을 준비하고 있습니다. 사실 지금까지 낸 책들 전부 저에게 묻는다면 내지 말아야 한다고 말할 거예요. 다 누가 내자고 해서, 정말 오롯이 그 말에 기대어 냈습니다. 자기 글 좋은 줄 자기가 잘 모릅니다. 저는 그 이치를 잘 몰랐는데, 여러분의 글방지기가 되고 나서 단박에 이해했습니다. 여러분은 본인 글이 무슨 의미가 있는지 모르겠죠? 이런 걸 쓰니 안 쓰는 게 낫다, 시간 낭비다 생각하시죠? '이런 재미없는 글을 누가 읽어줄까' 하는 얼굴이시잖아요. 저는 아닙니다. 완전 반대예요. 저는 재밌습니다. 여러분이 계속 쓰면 좋겠고, 여러분의 글을 계속 읽고 싶고 기다려집니다. 정말 그렇습니다. 여러분을 못 믿으시겠으면 저를 믿어보세요. 저를 보증인으로 삼아보세요. 제가 글의 세계에서 보낸 시간을 믿어보세요.

    이번 주제는 '사랑을 사랑 없이 말해볼게요'입니다. 너무나 당연해서 조금은 간지러운 이야기지만, 우리는 모두 누군가를 조금씩 사랑하며 살아가지요. 삶이 사무치는 순간에도 가장 먼저 떠오르는 애틋한 얼굴이 있습니다. 추억들을 마음속에서 우려내며 살아갈 힘을 내기도 하고, 그의 존재만으로 삶의 이유를 송두리째 잃어버리기도, 감당할 수 없는 분노와 두려움에 휩싸이기도 합니다. 그 복잡하고 진득한 마음을 '사랑한다'라고만 하기에는 턱없이 부족하다는 생각이 들기도 합니다. 무엇보다 사랑이라는 단어는 참 넓고 너무나 많이 쓰고 있기 때문이죠. 우선 콜센터에서도 첫인사로 '사랑합니다, 고객님' 하고요. 교회에서도 '사랑합시다'라고 하죠. 그런데 어떻게 그 말을 이런 천금 같은 마음에 쓸 수 있겠냐는 말입니다. 인류의 문학은 어쩌면 자신만의 사랑의 언어를 찾기 위해 고군분투하며 발전해온 것이 아닐까요.

    사랑한다는 말 대신, 나의 떨리는 입술을 그려보세요. 입을 옷을 한참 동안 고르고, 잠을 이루지 못하고, 길가를 서성이는 것을 그려보세요. 속이 울렁거리고, 가끔은 화가 나고, 별안간 배가 마구 고파진다는 이야기를 해보세요. 사랑할 때 내 몸은 어떤 상태가 되는지요. 어쩌면 그것이 사랑한다는 말 한 마디보다 상대에게 더 와닿을지도 모릅니다. '네 마음이 이 정도였어?' 하고요. 꼭 사랑이라는 감정이 아니어도 좋습니다. 이번 쓰기에서 중요한 것은, 가장 중요한 한 마디를 생략해보는 것이에요. 사랑이라는 말 대신 다른 모든 것을 써보는 것이죠. "사랑해"라는 말 대신 "너를 보면 파란 하늘이 생각 나"라고 말해보는 것입니다. 독자는 금방 알아볼 것입니다. 때로는 눈빛만 봐도 모든 것을 알 수 있듯, 말하지 않아도 알 것만 같다고요.

앞서 말씀드린 《H마트에서 울다》를 이번 주의 책으로 소개하고 싶습니다. 어쩌면 이 책은. 엄마를 사랑한다는 말을 그냥 사랑한다는 말로 퉁치지 않고 책 한 권 분량으로 늘려본 것이 아닐까 생각합니다. 사랑한다는 감정의 달고 짜고 쓰고 떫은 맛이 맛깔나게 버무려져 있어요. 분량이며 온도며 표현이며 정말 '딱 좋다'는 표현이 어울려요. 특별하거나 화려하지도 않고요, 딱 잘 비빈 쫄면 같달까요? 자, 이번 주에 우리는 말보다 진한 눈빛으로 이야기해보는 겁니다. 가장 하고 싶은 말을 쉽게 들려주지 않는 것은 그 마음을 납작하게 하지 않으려는, 고유하게 전달하려는, 아름다움으로 우회하려는 태도 같아요. 너를 향한 내 마음은 이 세상에 하나뿐이니까, 하나뿐인 언어로 말해보는 것이죠. 그 시도가 성공하든 실패하든 그 자체로 무척 아름답지 않나요.

사랑 사랑 사랑,
양다솔 드림

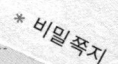
* 비밀쪽지

휴가를 맞이한 당신에게

기다리고 기다리던 휴가를 맞은 여러분. 쓰는 사람으로서 며칠간의 휴가를 어떻게 보내면 좋을지, 지기로서 몇 가지 제안을 드려보고 싶습니다.

첫째, 아쉬운 지난 글을 하나 골라 다시 읽어본다.
진정한 글쓰기는 퇴고에서 시작됩니다. 하지만 우리가 매주 만나는 것은 서로의 초고입니다. 흙덩이를 뚝 떼어서 작업판에 올려둔 것이 초고라면, 그것을 내 두 손으로 하나하나 다듬어가는 것이 퇴고라 하겠습니다. 글은 말이나 인생과 다르게 주워담아볼 수 있다는 것이 얼마나 큰 묘미인지요. 놀랍게도, 지금 읽어보면 (유난히!) 마음에 안 드는 점이 더 많이 보일 겁니다. 왜냐하면 여러분은 그 후로도 계속 쓰면서 훌쩍훌쩍 성장해왔을 것이기 때문이죠. 과거의 내가 쓴 글을 지금의 내가 도와 더욱 입체적이고 깊이 있는 글로 만들어보세요. 어떤 글을 퇴고해야 할지 모르겠다면, 다음과 같은 행동을 추천합니다.

1. 지금까지 썼던 모든 글의 제목 바꿔보기.
2. 지금까지 썼던 모든 글의 첫 문장 바꿔보기.
3. 지금까지 썼던 모든 글의 마지막 문장 바꿔보기.

둘째, '이 책이 그렇게 재밌다며?' 했던 책 한 번이라도 펼쳐보기

여러분, 제가 좋은 책을 좀 읽다 보니까 내가 왜 이제야 이걸 알았나 싶더이다. 사람들은 이 좋은 걸 혼자만 읽고, 그래서 그렇게 멋진 글을 써내곤 했나 싶더라니까요. 좀 써본 사람이 읽으면 더 많은 것들이 보입니다. 마치 그 작가가 나의 글방 동료인 것처럼 어찌하여 이 인물을 만들었나, 이런 사건을 상상했나, 이런 문장을 써냈나, 이런 단어를 선택했나, 하나하나 꼬집어가며 읽어보십시오. 나중에 글에 쓰고 싶은 단어가 보이거든 냉큼 연필을 들어 동그라미를 치십시오. 무척 좋은 문단이 있거든 당장 소리내어 읽어보십시오. 그 문단에 어떤 리듬이 존재하는지 귀로 들어보십시오. 이거다 싶은 책을 만났다면 마지막 장까지 읽어보십시오. 흰 종이에 검은 글씨일 뿐인데 나를 울게도 하고 온몸으로 슬프게도 하고 깔깔

거리게 하는 그 정수들을 느껴보세요. 글이라는 것은 정말 강하구나, 정말 재밌는 것이구나. 그 본연의 감상자의 위치로 돌아가보십시오. 좋은 문장을 만나면, 혼자 보기 아까운 책을 만나면, 누구에게 알려준다? 지기에게 알려준다.

셋째, 매일 열 문장씩 쓰기

앞의 둘 모두 자주 했던 거고 이제 지루하다 싶으면 매일 열 문장씩 써보십시오. 주제는 자유, 분량도 자유일세. 다만 최소 열 문장! (이게 무섭다.) 내가 생각했던 대로 쓰이는 열 문장이 없어요. 그걸 일주일치 모은다? 세상에 누가 쓴 건지도 알 수 없는 결과물이 나오더라니까요. 일기 쓰는 마음으로 가볍게, 그러나 일기는 쓰지 맙시다. 매일 터무니없는 첫 문장을 만들어보세요. 이거는 써보고는 싶은데 뒷감당이 안 된다 싶은 주제로 일단 시작해보는 거예요. 혼자 쓰는 건 못하겠다? 당장 누구라도 붙잡고 엉덩이 모임을 만들어보세요. 매일 40분씩 엉덩이 깔고 앉아서 하고 싶은 일을 하는 모임을 결성하는 거죠.

동료 한 명만 있어도 무게가 확 줄어든답니다.

　마지막으로, 그 모든 게 싫다면, 지금 지기가 읽는 이상의 소설 〈권태〉를 권태롭게 읽어봅시다. 지금 여러분이 느끼고 있을 권태를 이상은 어떤 방식으로 다르게 해부하고 있는지, 슬렁슬렁 책장을 넘겨봐도 좋을 거예요. 그러다 뭐라도 떠오른다면 수첩 귀퉁이든 냅킨 쪼가리든 핸드폰 메모장에든 짧게 메모해두세요. 언젠가 그게 미래의 나를 크게 구할 수도 있으니까요.

　모쪼록, 귀한 휴가를 지혜롭게 활용하시기 바랍니다. 그런데 여러분, 그냥 글 같은 건 몽땅 잊어버리세요. 글 쓰고 나면 해야지, 하고 적어놓은 리스트가 무릎까지 온다고 들었습니다. 맛있는 것 먹고, 신나게 수다 떨고, 햇빛과 바람을 들이십시오. 한 번도 골방의 책상 앞에 앉아본 적 없는 사람처럼요. 글을 안 쓰는 것만으로 이미 휴가라고요? 여러분도 참!

바다에서,
양다솔 드림

3부 ‡ 관계
내가 사랑했던 모든 이름에게

〔 이 주의 글감 · 등 떠밀어주는 사람 〕

딱 한 문장을 위한 ARS 찬스

 쓰는 일이 때로 다이빙하기와 닮았다고 생각하곤 합니다. 그 앞에서 망설이는 시간이 길어질수록 두려움은 빠르게 덩치가 불어납니다. 벼랑 앞에 선 것처럼, 빈 문서가 유난히 까마득하게 느껴진달까요. 서 있는 곳 저 아래를 보며 '딱 한 걸음만 내딛으면 되는데' 하고 생각하는 것처럼, 빈 화면 앞에서 생각합니다. '딱 한 문장만 쓰면 되는데.'
 그때마다 저는 친구에게 전화를 겁니다. 그리고 한탄을 시작해요. 익숙한 노래의 전주처럼 시작합니다. '글을 쓰는 게 적성에 안 맞는 것 같다. 아니, 인생이 적성에 안 맞는 것 같다. 모든 것이 안 좋은 쪽으로 흘러가고 있다. 정확히 말하면 망하고 있다. 내가 모든 것을 망치고 있다….' 마음을 무겁게 하는 돌들을 기다렸다는 듯 쿵쿵 내려놓습니다.

"내가 쓰고 싶은 건 몹시도 하찮고 볼 가치도 없어. 지금 내가 이러고 있는 건 나도 괴로울 뿐 아니라 아무런 의미도 없어."

그럼 친구는 말해요. "뭘 쓰고 싶은데?"

그때부터 줄줄, 내가 쓰고 싶었던 이야기를 전하기 시작합니다. "그냥 이런 거야. 대충 말하자면…." 저는 시간이 가는 줄 모르고 전화통을 붙잡고 한참을 떠들어요. 그럼 친구는 말합니다.

"너무 좋은데. 나 지금 살짝 눈물도 맺혔어."

그럼 저는 말합니다. "정말?"

친구는 말합니다, 마법의 단어를요.

"한번 써봐. 혼자 듣기 아까우니까."

저는 우는 소리를 합니다. "이걸 어떻게 써."

친구는 말합니다. "지금 말한 그대로 써."

"하지만 친구야, 세상엔 김선오가 좋은 걸 다 쓰고 있는데 내가 쓰는 게 무슨 의미가 있어."

"김선오는 김선오 거 쓰고, 너는 김선오가 못하는 걸 써."

그러면 저는 그 친구의 말을 믿기로 합니다. 이 이야기가 쓸 가치가 있다는 생각을 저는 할 수 없지만, 제가 사랑하는 친구가 좋다고, 쓰라고 했으니까요. 전화를 끊으면 저는 무슨 보증수표라도 받은 듯 전에 없는 힘이 납니다. 사실 이 통화는 우리 사이의 암묵적인 규칙일지도 모릅니다. "망했어."로 시작해서 반드시 "네가 쓰면 좋겠어"로 끝나는 의례요.

이런 전화 통화 덕분에 쓰이지 못할 뻔했던 수십 편의 글들이 세상에 나오게 되었습니다. 그 통화들은 언제나 빈 문서에서 딱 한 문장을 써낼 힘을 주었어요. 다이빙 대 앞에서 덜덜 떨고 있는 저를 살짝 밀어주었습니다. 어떤 이야기는 '이야기할 곳'이 있어야만 태어난다는 생각을 합니다. 글이 되기 전에, 모든 것은 보이지 않습니다. 불확실성으로 가득하고 불안은 돌처럼 나를 누릅니다. 그때 들리는 '좋다'라는 익숙한 목소리는 모든 것을 바꾸기도 합니다.

여러분에게도 있나요, 흔들리는 순간에 떠오르는 얼굴이요. 전화기를 드세요. 그리고 초고를 말하기 시작하세요. 우리의 ARS 찬스, 초고 통화! 당신의 첫 번째 독자와의 통화를 자신 있게 추천합니다.

물론 이렇게 전화할 수 있는 날이 있다면 그것이야말로 행운일 것입니다. 그저 한바탕 신나게 떠들고, 글 같은 것은 잊어버리고 한숨 푹 자버려도 좋을 겁니다. 전화를 건다는 것, 그것을 누군가 받는다는 것, 신나게 이어진다는 것. 그것만으로 넘치게 기쁜 하루가 될 거예요. 때로는 모두가 잠든 시간에 글을 쓸 수도 있고, 누구도 전화를 받지 않을 수도 있고, 누구도 좋다고 말해주지 않는 날도 있을 것입니다. 그럴 땐 지금 이렇게 편지를 적고 있는 제가 여러분의 글을 기다리고 있다는 것을 기억해주세요.

근래에 저를 가장 행복하게 했던, 읽는 것이 이토록 황홀하고 행복할 수 있구나 느끼게 했던, '이 사람이 쓰는데 내가 쓸 필요가 있나'로 시작하여 '나도 언젠가 이 아름다움에 가닿고 싶다' 결심하게 만든 동료 작가, 김선오의 《미지를 위한 루바토》 일독을 권하며 해 뜨기 직전의 칠흑 같은 어둠에서 나의 작가님들께 상소를 올립니다. 여러분이 이걸 보고 있을 즈음에는 새로운 해가 떠올라 있겠지요. 글방지기가 된 후 글방에 무사히 도착한 글을 읽는 시간은 늘 정말 행복했습니다. 그 행복을 담아 이 편지를 맺습니다.

사랑을 담아,
까불이 드림

(추신)

여러분이 다이빙대에 올라가 있는 것 같을 때,
뒤에서 등을 살짝 밀어주는 사람이 있나요?

(이 주의 글감 · 엄마에 대하여)

작가는 누구나 엄마를 쓴다

"절대 엄마처럼 살지 않겠어." 한영의 말입니다. 저희 엄마예요. 엄마는 저렇게 말했고, 실제로 엄마의 엄마처럼 살지 않았어요. 삶이 대물림되지 않도록 하는 것이 얼마나 어렵고 놀라운 일인지 저는 살아가면서 겨우 조금씩 깨닫고 있습니다. 엄마는 자신의 엄마와 다르게 살았을 뿐 아니라, 이렇게 말하기도 했어요. "내 딸은 나와 다르게 살게 하겠어." 저는 엄마의 그 말을 기억하고 있습니다. 엄마는 정말 그 말대로 했습니다. 저는 엄마의 엄마로부터, 그리고 엄마로부터 이어져왔지만 그보다 나아간 무언가가 되었습니다. 엄마는 물려받은 가난을 저에게 물려주지 않았고, 엄마가 할 수 없던 것을 저에게는 할 수 있도록 했습니다. 그리고 저도 엄마를 닮아 그렇게 말했습니다. "절대 엄마처럼 살지 않겠어."

엄마와 다르게 살겠다는 말은, 엄마를 증오하거나 거스르는 말이 아닌, 더 멀리 가보겠다는 약속처럼 느껴집니다. 때로 엄마가 이 세상에서 사라지고 나면(사실 그런 세상은 아직 상상이 되지 않아요), 엄마가 있었다는 걸 어떻게 증명할 수 있을까 생각해보곤 합니다. 어쩌면 나라는 존재 자체가 엄마가 있었음을 증명하는 것이겠지만, 저는 왜인지 다급한 마음으로 자꾸만 글을 쓰게 돼요. 저는 엄마에 대한 글을 많이 썼습니다. 가족이라기보다 뮤즈라 불러야 할 정도죠. 그럼에도 여전히 쓸 것이 너무 많이 남았다는 생각이 듭니다. 그렇지만 사실, 엄마에 대해 쓰는 이유는 엄마를 사랑해서라기보다는 이해할 수 없기 때문이에요.

어쩌면 나의 최초의 친구이자 가장 오래된 친구인 엄마는 내가 가장 이해할 수 없는 타인이었습니다. 그리고 그것과는 상관없이 나와 너무나 닮은 타인이었어요. 나는 내가 엄마에게 소리칠수록, 엄마를 그저 싫어할수록, 엄마와 더 닮게 된다는 것을 알았습니다. 그녀를 이해할 수 없는 것도 그녀가 나와 너무나 비슷하기 때문이라는 걸 인정할 수밖에 없었어요. 나를 싫어하는 마음이 엄마를 싫어하는 마음으로 옮겨갔다는 것을요. 너무나 닮고 너무나 다른 우리를 구분해내려면, 그것에 대해 쓰는 방법밖에는 없다고 생각했습니다. 그것도 아주 잘, 그리고 정확하게 써내는 것이요. 그러니까 엄마에 대해 쓰는 일은, 나를 구분해내는 일이기도 했습니다. 글을 쓰는 사람으로서 엄마에 대해 쓴다는 것은, 자신의 뿌리에 대해 다루는 너무나도 근본적이고 핵심적인 작업입니다. '나'를 쓰는 사람에게 있어 이야기의 기본인 것이지요. 엄마는 나라는 삶의 '주요 인물'일 수밖에 없으니까요. 우리는 엄마를 쓰면서 이야기 속 주인공을 만드는 방법을 연습하게 됩니다.

  엄마가 세상의 전부였던 때가 모두에게 있죠. 그리고 그 세계가 어느 때보다 크게 보이는 순간도, 어느 때보다 작게 보이는 순간도 있었을 것입니다. 엄마가 그저 한 명의 타인인 사람도 있고, 공간인 사람도 시대인 사람도 있겠죠. 엄마가 달라질 뿐 아니라, 내가 어떤 시기를 지나느냐에 따라서도 이야기는 달라질 겁니다. 10대의 내가 바라보는 엄마가 있을 것이고, 아이를 낳은 순간에 바라보는 엄마가 있겠죠. 그리고 지금의 엄마의 나이만큼 나이 든 순간에 바라보는 엄마가 있을 것입니다. 어쩌면 죽는 순간까지 엄마를 다시 생각하게 되겠죠. 그렇게 본다면 엄마는 절대 끝나지 않는 책일지도 모르겠습니다.

　아마 어느 날 우리 엄마가 다른 사람으로 바뀐다면, 그걸 가장 먼저 알아챌 사람은 나일 겁니다. 우리 모두에게 엄마가 있지만, '우리' 엄마는 다릅니다. '나'는 수많은 대중 속에서도 단번에 '엄마'를 찾아냅니다. 엄마는 나에게 유일하니까요. 그러니, 절대 다른 엄마로 대체될 수 없는 우리 엄마만의 유일함에 대해서 써봅시다. 꼭 나라는 일인칭으로 엄마를 바라보며 쓰지 않아도 됩니다. 완전히 새로운 시각에서 엄마를 써도 좋아요. 나와는 전혀 상관없는 한 여자였던, 내가 없는 세상의 그 사람을 글에 불러와도 좋습니다. 또는 내가 본 적 없는 엄마, 혼자 있는 엄마, 우는 엄마, 웃는 엄마, 화내는 엄마, 눈부시게 웃는 엄마, 병든 엄마, 다른 누군가를 사랑하는 엄마도 좋습니다. 엄마이자 그녀, 그리고 이름이었던 누군가를 딱 한 숟갈만 담아봅시다. 다 담으려다 보면 탈이 날 수도 있습니다. 엄마는 거대한, 끝없이 몰려오는 파도 같거든요. 실패한다 해도 괜찮아요. 엄마는 모두가 삶의 글감으로 가져가는 주제니까요(아, 쓴 글을 무심코 엄마한테 보여줬다가 볼따구니를 맞을 수도 있으니 주의하세요.) 그치만 엄마에 대해 할 말이 없는 사람은 없을 거예요. 그렇지 않은가요?

엄마에 대한 책들을 읽다 보면 오소소 소름이 돋습니다. 전혀 다른 나라에, 전혀 다른 생김새로 살아온 모녀가 왜 나와 내 엄마랑 이토록 잘 겹쳐지는지 놀라워서요. 어디선가 내 삶을 훔쳐보는 건 아닌가 싶을 정도입니다. 엄마의 이야기는 왜 이토록 진하고 사납게 연결되고 말까요?

아마도 제 평생 여러분의 어머니들을 실제로 만나볼 영광을 누릴 일은 드물 거예요. 안심이죠? 다만 여러분의 글에서, 여러분의 얼굴에서 잠깐씩 스치는 그녀들을 마주칠 뿐입니다. 다음 주에 글방에 가득 찰 마미즈의 이야기가 벌써부터 기대됩니다. '아, 이렇게 구구절절 가족 이야기를 늘어놓는 건 집안 망신 아닌가. 자랑할 만한 일도 아닌데 긁어 부스럼 아닌가, 잘 쓴다고 해도 누워서 침 뱉기 아닌가.' 그런 생각이 드실 수도 있는데요. 혹시… 글을 쓰는 게 마음대로 되십니까? 저는 10년 정도 썼는데 아직 안 되거든요. 여러분은 글쓰기에 있어 초보운전이잖아요. 아직 제대로 운전할 수 없는 사람이 찬밥 더운밥 가리는 거 아닙니다. 일단 써보는 겁니다. 검열은 나중에 해도 늦지 않습니다. 앞서 말했죠? 복창하세요. 하나, 모두 자기 글에만 관심이 있다. 둘, 돌아서면 까먹는다. 진솔함은 좋은 글의 첫걸음입니다. 물론 보기 좋은 얘기들만 쏙쏙 뽑아 좋은 글을 써보실 수 있다면 그거야

말로 님도 보고 뽕도 따는 것 아니겠습니까. 기대해볼게요. 다음 주에 뵙겠습니다!

엄마야!
양다솔 드림

{ 이 주의 글감 · 소중한 친구를 소개하기 }

정말 할 말이 없는 걸까?

얼마 전 책을 읽다가 '지기$_{知己}$'라는 말의 참뜻을 알았습니다. '자신의 속마음을 참되게 알아주는 친구'라는 뜻이었습니다. 저는 여러분에게 매주 편지를 쓰면서 제가 정말 지기로서의 자질이 있는지, 잘 하고 있는지, 스스로를 평가하고 의심하는 일을 계속해왔는데요. 그 뜻을 알자마자 고민이 멈췄습니다.

저는 글 쓰는 일을 정말 싫어하는데요(계속 새롭게 싫습니다). 그런데 여러분의 글을 읽는 일은 단언컨대 제 삶에서 가장 재미있는 일입니다. 그것을 기다리고 기대하고 탐독하는 시간이 계속되기를 늘 바라거든요. 여러분이 어떤 마음으로 그 글을 쓰셨을지 궁금해하는 일은 아무리 해도 지치지 않습니다. 그러니까 저는 좋은 작가이기보다 좋은 지기인 것 같습니다. 여러분이 글을 쓰시는 동안 지기가 되겠으니, 좋은 작가는 여러분이 하십시오.

글을 쓰는 것도 쉽지 않은데, 더 어려운 것은 때로 '무언가'에 대해 쓰는 것입니다. 그냥 손이 움직이는 대로 적는 것만으로도 쉽지 않은데, 심지어 글에 정해진 주제가 있다면, 게다가 멋진 주제여서 잘 써보고 싶은 마음이 든다면 정말이지 쉽지 않죠. 잘 보이고 싶은 상대 앞에 선 것처럼 몸이 뻣뻣하게 굳어버립니다. "할 말이 없는데?" 하고 고개를 털어버리고 싶을 거예요. 그 주제에 관한 모든 기억이 일시에 삭제되고, 마치 바보가 된 것 같은 기분이 들고, 그 주제 빼고 뭐든지 쓸 수 있을 것 같죠. 세상 어디서든 그 주제만이 톡 튀어나온 듯이 내 눈에 걸려들 것입니다.

정말 할 말이 없는 걸까? 생각해볼까요. 당장 할 말이 떠오른다면 그것만큼 좋은 일이 없겠죠. 바로 자리에 앉아서 신나게 타자를 두드리면 될 일입니다. 내리는 비를 맞는 것처럼 시원하고 짜릿한 일이죠. 반면 떠오르지 않는 글감을 찾아가는 일은 알 수 없는 목적지를 향해 정처 없이 걷는 일 같습니다. 생각이란 바람 같으니 억지로 잡으려 할수록 잡히지 않을 수 있습니다. 주제를 몸에 담고 어디로든 가보아도 좋을 것입니다. 편안하게 앉아 깊은 상념에 잠겨봐도 좋고, 가벼운 산책을 나서봐도 좋고, 손에 잡히는 대로 책을 읽어봐도 좋을 거예요. 심지어는 잠깐 까먹어봐도 좋을 것입니다. 그렇지만 사실은 기다리는 거예요. 야생동물의 모습을 포착하기 위해 수풀 위에 엎드린 사진가처럼, 이야기가 모습을 드러낼 때를 위해 숨을 죽이는 것이죠.

글을 쓴다는 것이, 어쩌면 우리 삶에서 매일 너무나 자연스럽게 일어나는 일이기도 하기에, 그것을 조금 더 제대로 해보려는 일이 왜 이토록 어려운 것일까 의문이 들 것입니다. 그런데 여러분은 하고 싶은 이야기를 하기 위해 무대에 올라본 일이 있나요? 발표나 발제, 경쟁 PT, 남의 글을 낭독하거나 노래를 부르기 위해서 말고요. 요즘 홀딱 빠진 것이나 잊을 수 없는 상처, 시시콜콜한 고백을 위해 무대에 올라본 적이 있나요? 아마 그런 사람은 드물 거예요. 내가 정말 하고 싶은 이야기를 서사로 구성하고 펼쳐놓는 일은 우리가 삶에서 한 번도 제대로 할 기회가 없던 일인지도 모릅니다. 생각해보면 조금 슬픈 일입니다. 삶에서 자기 이야기로 한 번쯤 마이크를 잡아봐도 될 자격, 모두에게 있지 않나요.

그렇지만 어느 날 그런 무대에 설 기회를 갖게 된다고

해도 기다려다는 듯 내 이야기를 펼쳐놓기는 쉽지 않을 겁니다. "저는 할 말이 없는데요"라는 말만 반복하게 될지도 모르지요. 하지만 과연 그럴까요? 인간은 끝없이 이야기하며 살아왔습니다. 똑같은 하루가 반복되어도 우리는 기어코 어제와 오늘의 다른 점을 발견해왔죠. 그것을 이야기하여 내일로 넘어갑니다. 빛나는 이야기는 난세에 태어났습니다. 사람들은 어려울수록 이야기에 기대며, 더욱 화려하고 환상적인 이야기를 만들어냈죠. 가장 힘든 것은 '말로 옮길 수 조차 없는 것'일지도 모릅니다. 어떤 것이든 이야기할 수 있다면 우리에게 희망은 있어요.

자, 그래서, 어떤 이야기를 해도 되는 무대가 여러분 앞에 있는 것입니다. 할 얘기가 없기보단 오히려 너무 많아서 무엇부터 시작해야 할지 모를 뿐이죠. 이야기가 없는 것이 아니라, 가져본 적 없는 무대가 어색한 것입니다. 이렇게 귀중한 기회가 왔는데 처음부터 긴장을 안 하는 게 더 이상하죠. 망신만 당할까 봐 당장 도망가고 싶을 수도 있어요. 그러니 스스로에게 너무 많은 기대를 하지 마세요. 초보자는 무대에 몇 번 서고, 그곳에 있는 게 조금 익숙하고 편해진 순간부터 이야기가 자연스럽게 떠오르게 될 거예요. 여러분이 할 일은 쓰면서 그 순간을 기다리는 것이죠. 맞아요. 쓸 것이 없어도 쓰는 시간을 가져야 한다는 겁니다.

그 시간을 통과하는 데 도움이 되는, 이번 주의 주제는 가장 소중한 친구를 소개하는 것입니다. 친구는 무엇이든 될 수 있지요. 그 이름이 나에게 각별하다면 말이에요. 사람이든 물건이든 풍경이든, 내가 오래 기대어 살아온 무언가는 친구가 될 수 있을 것입니다. 이번 주의 읽을거리는 제가 늘 돌아가게 되는 오랜 친구와 같은 책, 사노 요코의 《사는 게 뭐라고》입니다. 좋은 친구도 좋은 글도 대단히 멀리 있지 않다는 것을 그녀는 알려줘요. 손바닥에 아담하게 들어오는 이 책을 한 장 한 장 넘기다 보면 어느새 마음이 편안해져 쿡쿡대는 자신을 발견하게 됩니다. '아 맞아, 그랬지. 친구란 이런 편한 마음이었어.' 무엇이든 툭툭 털고 나로 돌아갈 힘을 줍니다. 여러분에게도 그런 존재가 있나요? 제가 드리는 글감은 하나의 앵커링일 뿐입니다. 그 주제로 걸리는 것이 있으면 쓰시는 거예요. 어떤 주제에 대해 쓴다는 것은 그 단어의 곁을 한동안 맴돌아본다는 것과 비슷한 것 같습니다. 이미 아는 단어여도 사전도 한번 찾아보고, 주변에도 물어보고, 관련된 책도 읽어보는 거죠. 씹고 뜯고 맛보고 즐겨보는 겁니다.

여러분의 글을 읽을 생각에 저는 설렙니다. 스스럼없이,

본론으로 들어가시기 바랍니다. 너무 긴 전주를 깔지 마세요. 귀중한 이야기를 꺼내는 사람에게, 독자 또한 귀중한 마음을 줍니다. 뭔가를 숨기거나, 선별해서 말하는 데 너무 오랜 시간을 들이지 마세요. 진짜 하고 싶은 이야기나, 너무나 귀한 비밀이라면 더 정확한 단어에 담는 것에 신경 쓰세요. 슬프고 아픈 이야기도 괜찮습니다. 결국 이야기는 절망에 대한 것이고, 절망에 대해 쓴다는 것 자체가 여러분이 그럼에도 불구하고 살아가고 싶다는 것의 방증이니까요. 뭐든지 쓰세요. 저는 맛있게 읽겠습니다. 글을 쓰다 종종 기지개를 켜주시는 것 잊지 마시고요. 그럼 줄이겠습니다.

여러분의 지기,
양다솔 드림

(추신)

가끔 이번 글감이 너무 어렵지는 않을까,
글을 기다리는 마음이 종종 초조해지곤 하는데요.
여러분이 계속 답장을 보낸다는 걸 떠올리면 마음이 이내 깔끔해집니다.
여러분, 이렇게 성실하고 창의적이고 선한 스스로를 자랑스러워하세요.
"나, 열라 짱이야!" 세 번 외쳐주세요!

* 따라할 때마다 체크하세요.

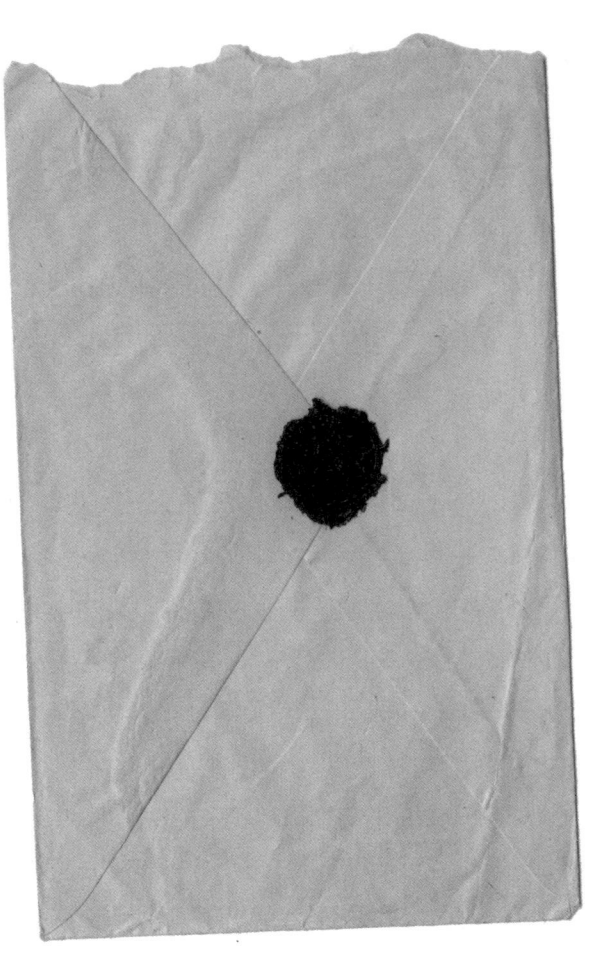

{ 이 주의 글감 · 인터뷰하기 }

타인이라는 바다로 입수하기

혼자 있을 때 무심코 나오는 얼굴 있잖아요. 어쩌면 나 스스로도 제대로 본 적 없는, 누구에게도 보여준 적 없는 얼굴요. 누군가 다가와 "안녕, 뭐 해?"라고 하면 바로 숨어버리는 그 얼굴, 아무도 나를 보지 않는다고 느낄 때 무의식적으로 자연스럽게 드러나는 얼굴요. 그런 얼굴이 쓰기의 얼굴이라는 생각이 듭니다. 쓰기란 나와 깊고 긴 대화를 하는 일 같아요. 나 스스로도 쉽게 만날 수 없는 나. 그런 나와 그런 누군가의 얼굴을 엿볼 수 있다는 것은 참 멋진 일 같아요.

글을 쓰는 여러분에게 저는 이번 주에 '평범한 사람 인터뷰하기'라는 과제를 드리고 싶습니다. 함께 모여 매주 스스로의 자화상을 그렸던 우리가, 이번에는 누군가를 앞에 두고 스케치를 해봅시다. 드디어 인터뷰 주간이 다가온 것입니다! 아직 내 이야기를 더 쓸 것만해도 산더미같이 많겠지만, 놀랍게도 언젠가 내 이야기는 바닥나버리고 말아요. 그제야 나로부터 고개를 들게 되는데요. 나 말고도 세상에 무수한 이야기들이 있다는 것을, 연결되어 있고 또 연결되지 않은 세계가 있다는 것을 새삼 알게 됩니다. 그때부터 듣기 시작하면 조금 늦습니다. 나와 다른 존재들에게 잘 묻고, 그의 말을 잘 듣고 잘 적는 연습은 인터뷰라는 장르를 넘어 여러분이 앞으로 쓰게 될 그 어떤 창작 분야에서도 좋은 자양분이 될 거예요.

다른 사람을 인터뷰하기에 앞서, 우선 그 사람에 대해 공부를 많이 하셨으면 좋겠어요. 그가 쓴 글이 있다면 토막글이라도 최대한 다 읽어보시고, 작은 것들도 놓치지 마세요. 글 속의 그가 보여주는 여러 얼굴을 유심히 살펴봅시다. 그리고 그 사람의 등을 상상해봅시다. 누구도 스스로에 대해 다 말할 수 없잖아요. 누구나 등을 밀어줄 사람이 필요한 것처럼요. 이 사람이 차마 다 하지 못한 이야기가 있을까, 이 사람이 발견하지 못한 자신이 있을까 한번 상상해보자고요. 많이 아는 만큼 많이 상상할 수 있을 거예요. 그 사람이 언젠가 누구에게 꼭 한번 듣고 싶었던 질문은 뭘까, 글로 쓰지는 않앉지만 꼭 하고 싶은 이야기는 뭘까, 발견되고 싶었던 면은 뭘까, 생각해봅시다. 공부하고 궁금해하고 상상하고 잘 들어봅시다. 그 귀한 이야기들을 글로 옮겨 또 다른 사람들에게도 잘 들려줘봅시다.

　타인에 대해 쓸 때는 따옴표를 쓰는 것이 좋다고 하지요. 잘 포착된 말 한마디는 작가가 그 사람에 대해 설명하고 부연하는 것보다 생생하고 강력합니다. 독자가 있는 그대로 그 인물을 느낄 수 있으니까요. 그렇다고 "안녕하세요" 같은 말을 가져와 적는다면 아무도 그 사람이 어떤 사람인지 알 수 없겠죠. 일상적인 회화가 아니라, 무엇이 그 사람을 보여주는 '대사'인지 판단해야 합니다. 인터뷰는 그 연습을 하기에 더할 나위 없는 기술입니다. 있는 그대로 보고 들은 대로 적었는데 완벽히 다른 사람이 되어 있을 수도 있는 게 인터뷰거든요. '아'와 '어'가 분명히 다릅니다.

　무엇보다 신나게 수다를 떨어봅시다. 모쪼록 즐거웠으면 좋겠어요. 그리고 오해를 두려워하지 맙시다. 누구도 그 사람을 완벽히 담을 수 없어요. 그날 그 시간 그 장소에서 만났던 그 얼굴을 담아봅시다. 내가 찍은 셀카와 남이 찍어준 사진이 다를 수밖에 없듯이, 낯설고도 익숙한 그 모습을 서로에게 새로 소개해봅시다. 이 사람을 세계에 소개하는 대표자가 된 것처럼 마음껏 자랑하고 수식하고 떠들어봅시다. 맨날 내 이야기만 쓰고 들었으니까 이번 주만큼은 다른 사람을 듣고 써봅시다. 물론 그것도 결국 내가 묻어 있겠지만요.

　인터뷰 글 본문의 대화가 가장 중요하겠지만, 인터뷰의 별미라고 할 수 있는 인트로와 아웃트로를 꼭 써주십시오. 여기서 인터뷰를 쓴 작가의 시선과 마음이 온전히 드러나거든요. 그 사람을 만나기 전후의 내 마음도 잘 살펴보세요. 그 만남에 직접 참여하지 못했던 독자들에게도 그날의 분위기를 가늠할 수 있도록 틈을 열어주세요. 대화 이후에는 어떤 잔상이 남았는지, 어떤 느낌이 마음을 맴도는지 이 만남을 나름대로 정의해보세요.

　오늘 소개하는 글은 제가 정말 좋아하는 인터뷰집입니다. 여성 홈리스들을 인터뷰하고 엮은 《그여자가방에들어가신다》인데요, 보자마자 홀딱 반해 밤새 읽은 기억이 납니다. 이들의 이야기를 들어주고 기록해주어서 정말 감사하다고 말하고픈 책이었어요. 길에서 사는 여자에 대해, 저는 이 책을 알기 전까지 얼마나 얄팍하게 알고 있었는지 모릅니다. 그럴 만한 사람이겠지, 불쌍한 사람들이겠지, 엄청 힘들 텐데, 그렇게만 생각했습니다. 그들은 잘 '보이지' 않았으므로 그냥 존재하지 않는다고 생각하면서 지냈습니다. 그런데 어느 날, 어쩌면 나도 저 사람이 될 수 있겠다는 생각이 드는 순간이 있었습니다. 그럴 수도 있겠다. 절대 그럴 일은 없다고 말할 수 있는 근거는 어디에도 없겠다. 그리고 누구도, 자신이 그런 미래를 맞을 거라고 예측할 수 없겠다고요. 그들의 삶이 남 일 같지가 않았습니다. 무척 궁금해졌습니다. 무슨 일이 있었던 걸까, 어떤 마음으로 계속 삶을 선택할까. 삶이 흔들리던 그때 이 책을 만났어요.

인터뷰를 읽으며, 이 책에 등장하는 홈리스 여성 한 사람 한 사람이 외딴섬 같다고 느꼈습니다. 완전히 다른 세계에서 사는 사람요. 이 책을 읽어보면 누구와도 대화하지 않는 사람, 완벽히 고립되고 단절된 사람은 자기 자신만 알아들을 수 있는 새로운 언어를 발명하게 됩니다. 언어가 다르다는 것은 세계가 다르다는 말이기도 합니다. 그들은 나와 같은 시공간에서 전혀 다른 것을 보고 느끼고 말합니다. 다른 것을 찾고, 다르게 살고, 다른 것을 원해요. 누구도 그들이 하는 말을 온전히 알아들을 수 없고, 그러한 방식으로 서서히 멀어집니다. 이름만큼은 '아무도 훔쳐가지 않는다'고 소개하는 여자는 나와 얼마큼 다를까요. 그런 고민을 하게 되는 너무나 훌륭한 이야기입니다. '이곳에 이들이 있다'는 것을 알리는 너무도 숭고하고 구체적인 실체입니다. 이처럼 '내가 그를 보았다'고 증언하는 것이 인터뷰일지도 모릅니다. 탐사대가 되어 인터뷰를 하는 상대를 살피는 것이지요. 가족이나 가장 친한 친구를 인터뷰한다 해도, 평소의 담소와는 사뭇 다른 시간이 될 것입니다.

　인터뷰라는 것은 단순히 누군가가 궁금해 질문하는 것과는 다른 것 같습니다. 그 사람을 주인공으로 하는, 그 사람에게 기대고 또 바치는 글쓰기라고 생각해요. 그래서 쓰는 사람은 마음이 가볍기도 하고 동시에 무겁기도 합니다. 무에서 유를 만들지 않아도 된다는 점에서 가볍고, 너무나 커다란 유를 만날 생각에 무겁습니다. 저는 인터뷰가 쉬워지는 가장 좋은 방법을 아는데요, 그것은 상대에게 반해버리는 것입니다. 누구에게나 각자의 아름다움과 멋짐이 있지요. 그것을 잘 찾아내는 사람만큼이나 좋은 인터뷰어는 없는 것 같습니다. 그의 이야기를 듣는 순간만큼은 그의 세계만이 이 세상에 유일한 것처럼 느껴지는 것이요. 우리 모두에게는 반할 만한 점이 하나쯤은 있지 않나요?

　인터뷰가 처음이라면, 이 기간 동안 많은 인터뷰를 읽어보시면 좋겠습니다. 좋은 인터뷰는 무엇일까, 탐구하다 보면 시간이 금방 갈 것입니다. 그전에 별생각 없이 들춰봤을 때와는 다른 감도로 다가오실 거예요.

나는 얼마나 깊이 침투하고 얼마나 넓게 마음을 열 수 있을까요? 어떻게 감히 내가 이 사람에 대해 쓸 수 있을까 싶겠지만, 우리는 어떤 나라에 2박 3일을 다녀오고도 여행기를 쓰고는 하지요. 바로 그 잠깐의 순간에 포착된 것에도 굉장한 진실이 있을 때가 있으니까요. 모든 대화가 내 예상과는 다르게 흘러가고, 빼곡히 준비했던 질문지를 제대로 써먹지도 못했다면 그건 분명 훌륭한 인터뷰일 겁니다. 서로에게 잊을 수 없는 질문을 한다는 것은 어쩌면 가장 귀한 선물이 될 수 있어요. 어쩌면 당신은 그 사람의 삶에 대해 처음으로 질문하는 사람일 수도 있으니까요. 이 사람을 인터뷰한다는 것이 언젠가 큰 영광으로 남을 사건이 될 수도 있습니다. 그러니 마음대로 쓰시기를 바랍니다. 사실은 어디 가고 마음껏 오해와 왜곡을 해보세요. 아무리 사실과 가까워지려 해도 멀어지기만 할 테니까요. 그런데 우선은 반해보시기 바랍니다. 꼭 여행을 다녀오듯이, 대체할 수 없는 유일무이한 한 사람의 이야기와 세계에 다녀오세요.

즐거운 여행 되세요,
양다솔 드림

(추신)

여러분의 주변 사람이 한 말 중에
어록으로 남기고 싶은 명대사가 있나요?

{ 이 주의 글감 · 업무 일지 }

일하는 당신

여러분은 일을 쉬어본 적이 있나요? 늘 일하지 않는 삶을 꿈꿔왔으나, 늘 일해야만 하는 신세를 처량하게 여겨왔으나, 실은 '일하지 않음'이 무엇인지 정확히 모른다는 생각을 합니다. 죽기 전까지 그게 무엇인지 알 수 있을까요? 그런데 조금은, 알고 싶지 않기도 합니다. 일해왔고, 일해야 할 삶으로 태어났음을 아주 옛날부터 분명히 알았던 것 같아요. 퇴근하고 돌아온 엄마 아빠의 피곤에 절은 얼굴을 보면 알 수 있었거든요. 그들의 얼굴 위에 한 문장이 둥둥 떠 다니는 것 같았습니다. '받을 것 없음.' 태초부터 엄마 아빠는 일을 해왔습니다. 그러니까 제가 세상에 존재하고부터 일을 멈춘 적이 없었죠. 직업은 여러 번 바뀌어도 상태가 바뀐 적은 없습니다.

세상은 일해야 하는 사람과 일하지 않아도 되는 사람으로 나뉜다고 생각했습니다. 태어나 일할 준비를 하고, 일을 찾고, 일을 하고, 그리고 일을 못하게 되는 순간까지 그것을 반복하는 것이 생이 아닐까. 일해야 하는 사람으로 태어난 이상, 유효한 노동자가 되어야만 사회의 일원으로 존재할 수 있을 거라는 감각을 느꼈죠.

처음 제 이름으로 된 명함을 받고 알 수 없는 기분에 빠졌습니다. 나랑 전혀 상관없는 단어가 내 이름과 나란히 써 있었어요. 자기소개의 정반대라고 생각했습니다. "내가 누군지는 몰라도, 저건 아니야"라고 분명히 말할 수 있는 것이 그 명함 같았습니다. 그럼에도 불구하고 나는 그것이 나라고 누군가에게 건네야 했고, 그건 늘 거짓말 같아서 웃기지도 않았습니다. 나는 하루 8시간 이상 이 일을 하기 위해 앉아 있고, 누구든 나를 그 직업으로 볼 거라는 사실이 곡할 노릇이었죠. 모두가 이 과정을 거쳐 하루하루를 살아가고 있다는 점이 경이롭고 통탄스럽게 느껴져, 삶을 환멸하면서도 길을 걸어다니는 한 사람 한 사람에게 각자 삶의 무게를 견디며 사는 데 깊은 경의와 존중을 갖게 됐습니다.

'좋아, 그래서, 이런 식으로 매일 8시간을 일하면 나는 언제 내가 돼? 그래, 그렇게 여름을 보내고, 가을이 왔어. 그래서? 버스가 왔으니까 일단 타고. 운 좋게 자리가 났으니까 기뻐하고. 방학도 없이 바로 겨울로 이어지고. 주말엔 병원에 다녀오고. 밤에 잠을 못 자면 죽을 것처럼 피곤하고. 이렇게 1년을, 3년을 근속하면 나는 뭐가 돼? 월급이 들어왔으니까 일단 식재료를 사고. 사고 싶은 옷이 있는데 이건 대체 어디 갈 때 입지? 이제 엄마 병원비는 내가 내야 하고. 나는 갈 곳도 시간도 없는데 옷만 있네. 옷장만 없으면 월세 좀 덜 내도 될 텐데. 미니멀리스트를 버킷리스트에 적자. 쟤는 왜 저렇게 열심히 일하는 거야? 야근하다 응급실 가서 링거를 맞고 왔다고. 야근 식대는 내줬대? 연봉이 높은가 보다. 아니라고? 나보다 10만 원 더 받는다고? 그렇다면 왜⋯.'

생각은 물음표처럼 구부러져 끊임없이 이어졌고 어떤 것도 대답이 되지 않았습니다. 제 이름 옆에 쓰인 단어가 무엇이든 저는 그것으로부터 한없이 멀어지려 했던 것 같아요. 오늘부터 나는 '이게' 아니야. 바로 그게 나야. 그래서인지 저를 만나신 분들은 눈을 게슴츠레 뜨고 멀리 있는 산을 바라보듯 한참을 말이 없었습니다. 얘 분명 여기 직원이라고 했는데 어째서 전혀 직원 같은 눈빛을 하고 있지 않은 거야?

그럼에도 불구하고 고용될 수 있음이, 일할 수 있음이,

한 명의 노동자가 될 수 있음이 때로 얼마나 실질적인 위안이 되었는지 모릅니다. 내 의도와 반하여 이만큼의 시간을 움직이는 대가로 저녁에 떡볶이를 사 먹을 수 있구나. 말린 표고를 사 채수를 내서 찌개를 끓여볼 수도 있고. 이 작은 방에서 쫓겨나지 않을 수도 있고. 누구도 더 이상 나에게 뭐가 되라고 하지 않는구나. 그 당연한 사실이 놀라웠습니다. 이것이 줄곧 적어냈던 나의 장래희망인 것인가? 이게 나의 장래이자 희망이었던 것인가? 둘 다 알 수 없지만 나의 장래는 찾아왔고, 그것은 일종의 희망이기도 했습니다. 누구의 도움도 없이, 내가 이렇게나마 생존하기 위해 이 정도 시간과 힘을 지불하면 되는구나. 어쨌든 죽지는 않는구나. 내가 잘 살고 있는지, 행복한지, 건강한지 아무도 관심 없지만 시간은 잘도 흐르는구나. 그렇게도 삶이 유지될 수 있고, 채워질 수 있음을 알았죠.

내가 아주 잘 해낸다면, 나는 40년 뒤 이 날 이 시간에 내가 어디 있을지 정확히 예측할 수 있었습니다. 그것은 내 삶이 펼쳐질 수 있는 크기를 알려주었습니다. 꼭 필요한 시간이었습니다. 저에 대해 가장 많이 고민했던 때가 바로 가장 끔찍한 일을 했을 때였거든요. 너무 내가 아니어서 오히려 간절히 나를 찾으려 했습니다. 일이란 얼마나 그 사람을 설명하지 않는지, 그리고 얼마나 많이 그 사람을 설명할 수 있는지 생각합니다.

나로서 존재하기 위해 움직이는 당신, 오늘의 먹을 것을 고민하는 당신, 다음 글감을 고민하는 당신. 오늘도 출근하는, 일하기 위해 먼 길을 달려가는, 가끔 아무 의미 없는 것 같은 일에 시간을 쓰는, 그 모든 순간이 '나'를 조금씩 가져가는 사이에 삶은 어디쯤에 있을까요? 아마도 '당신의 일'은 말해주지 않으면 그 아무도 모르겠지요. 아무도, 영영, 모르고 말 거예요. 당신은 계속해서 일해야 하므로, 오늘의 끔찍함 따위는 어제로 밀어 넘겨버릴 것이고, 그렇게 어서 내일로 넘어가는 데 익숙해질지도 모릅니다.

이반지하는 이렇게 말했습니다.

> 어느덧 삶을 되돌아봐야 하는 시기가 왔다.
> 되돌아보고 싶었던 시기에 들어주는 이가 없었던 적도
> 있었으므로, 지금 이 순간은 아마도 소중할 것이다.
>
> _ 이반지하, 《이웃집 퀴어 이반지하》, 문학동네, 216쪽.

되돌아볼 수 있다는 것, 때로는 그것이 전부가 아닐까 생각합니다. 삶을 되돌아보는 순간이 꼭 행복한 때는 아닐 것

같아요. 가장 고통스러운 시기에 가장 많이 뒤를 돌아볼 수도 있는 것 같습니다. 그래서 여러분이 기억 저편 분리수거함에 고이 넣어둔 기억을 청하려 합니다. 바로, 일하는 당신!

    요즘 저는 이반지하의 글을 읽느라 정말 바쁩니다. 너무 재밌고, 너무 재밌고, 너무 재밌고…. 그가 너무 재밌는 이유는 너무 많은 일을 해왔기 때문이라는 것이 분명합니다. 그는 자신을 설명해보려고 정말 많은 시간 노력해왔고, 정확한 단어와 설명을 찾으려 애써왔고, 표정과 몸짓을 찾으려 했고, 이름을 찾으려 했습니다. 무엇보다도 그는 너무 많이 일해왔어요. 그리고 기가 막히게도 앞으로도 그는 끊임없이 일할 것 같습니다. 그런데 이런 이야기를 들을 수 있다면 그렇게 나쁘지 않을지도 모른다고, 그의 지지자로 생각하게 되어요. 이 일을 하는 순간의 이반지하가 너무나, 너무나 이반지하가 아니어서, 그래서 지금의 너무나 이반지하인 이반지하를 만들어버렸습니다. 그래서 마찬가지로, 일하는 당신이 궁금합니다. 아마 제게 보여주는 당신과는 너무나 다를지도 모릅니다. '이게' 아닌 당신. 당신과 당신 주변의 존재를 위해서 그저 움직이는 당신. 운명을 받아들인 당신. 운명과 싸우는 당신. 그 순간의 몸과 마음과 표정과 말투가 궁금합니다.

    여러분의 일을 글감으로 부르는 것이 혹시 영역 침범은

아닐까, 불편하진 않을까, 거북하진 않을까, 고민도 잠시 들었습니다. 하지만 우리는 일하는 사람이죠. 그리고 평생 일하는 사람일 것입니다. 그것에서 벗어날래야 벗어날 수 없을 거예요. 그 정체성을 쓰지 않는다는 것은 너무 크고 중요한 글감을 놓치는 것만 같습니다. 세상에 쉬운 일은 없지요. 어디서 어떤 일을 하든 그만의 고충이 있을 것입니다. 그 고충은 해보지 않고는 절대 알 수 없는 디테일을 가질 것입니다. 일하며 느낀 서러움, 외로움, 허무함들은 어쩌면 어디에도 전해지지 못하고 오롯이 내 안에 남아 있을 것입니다. 그 순간으로 돌아가 미래의 내가 과거의 내 곁에 있어주는 것이 이번 글의 목적일지도 모릅니다. 나는 나를 먹여 살려왔고, 자신의 삶을 위해 몸을 움직이고 시간을 쓰는 일은 늘 상상 이상으로 놀랍고 숭고하니까요. 생존을 위해, 내 한 몫을 하기 위해, 약속을 지키기 위해 오늘도 일하러 가는 당신께 깊은 존경과 사랑을 보냅니다.

    그럼 저도 일하러 갑니다. 총총.

괴산 어드메에서,
양다솔 드림

(추신)

내가 지금까지 거쳐온 일과 직업, 직함, 역할을
생각나는 대로 한번 써볼까요?

[이 주의 글감 · 나를 돕는 나]

이토록 훌륭한 조력자

아아… 키보드 앞에서 덜덜 떨고 있는 나의 동지여. 어쩌면 이것은 마음 하나에 달린 일이 아닐지도 모릅니다. 단 하루도 내 마음처럼 흘러가지 않는 이 세상에서 글을 쓰겠다는 의지는 폭풍 앞에 촛불 아니겠습니까. 어쩌면 여러분 뒤에 존재하는 신화가, 역사가, 이야기가, 어떤 인물이, 지금까지 여러분을 구성하는 어떤 순간들이, 보이지 않는 마음들이 모두 힘을 모아 여러분의 손가락을 움직이게 하는 것일지도요. 우리의 목표는 말입니다, 단순히 이번 한 번 잘 써보는 것이 아닙니다. 그저 이번에도 쓰는 것이에요. 그리고 다음, 또 그 다음도 씁니다…. 그러고 나면 미래의 내가 알아서 해줄 겁니다(?). 일희일비하지 마세요. 거듭 말했듯, 좋은 이야기가 찾아오려면 준비가 필요합니다. 그저 오늘도 내일도 내일 모레도 쓰고 있다면, 좋은 이야기는 먼 곳에서 나를 지켜보고 있다가 마음이 동할때 내 손가락으로 내려앉을 것입니다. 그때까지 엉덩이를 붙이고 있는 것이죠. 글은 그렇게 온 세상이 나를 도와 가능한 것이고, 또 온전히 나 혼자 하는 일이기도 합니다. 누구도 내 문장을 대신 써줄 수는 없으니까요. 우리가 이렇게 만나는 시간은 어쩌면 그 전쟁 같은 시간 속에 잠시 고개를 들어 피식 웃어보는 시간인지도 모릅니다.

초고라는 것은 참으로 묘합니다. 분명 중요한 얘기가 될 것 같았는데 막상 쓰고 보면 이게 뭔가 싶은 얘기고요. 별생각 없이 즉흥적으로 꺼내본 이야기가 알고 보니 내가 꼭 하고 싶었던 얘기입니다. 어쨌든 과거의 나는 정말 수고했어요. 그때 할 수 있는 최선을 다했으니까요. 이번에는 그 글을 넘겨받은 지금의 내가 일해야 할 차례입니다. 쓰는 것보다 중요한 것은 다시 쓰는 것. 진정한 쓰기는 퇴고부터 시작입니다. 초고는 퇴고를 하게 될 미래의 나에게 보내는 엽서일 뿐이에요. 절대 완성이 아닙니다. 이번엔 주제를 먼 곳에서 찾을 필요도 없습니다. 여러분이 쓰신 바로 그 초고에 길이 나 있으니까요. 그 글의 출발점과 도착점, 경로, 방향, 이동 수단까지 모두 여러분만 알고 있습니다. 마음속의 나침반을 들고 결판을 하러 들어가야 해요.

글쓰기가 왜 배설이 아니냐, 많은 분들께 받은 질문입니다. 배설은 되돌아보지 않기 때문입니다. 그런 의미에서 다시 보지 않은 글은 배설물이 맞습니다. 우리가 똥을 싸놓고 다시 들여다보지는 않잖아요. 얼른 내려버리죠. 일기도 보통 쓰고서 잘 들춰보지 않습니다. 썼다는 자체만으로 그 의미를 다했기 때문이죠. 열심히 쓰고 뒤돌아서는 것이 아니라, 내가 가진 몸과 마음과 영혼을 다해 그것을 다시 본다면 그것이 어떻게 배설이 될 수 있을까요. 그 글을 보게 될 독자의 모든 시간을 다 합친 것만큼이나 오랜 시간 그것을 바라본다면, 그것은 결코 배설물이 될 수 없을 것입니다.

초고를 쓸 때는 나에게 집중해야 합니다. 아직 세상에 태어나지도 않은 이야기를 쓰고 있으니까요. 그게 어떻게 생겼든, 어떤 이야기가 됐든 무조건적으로 지지하고 받아내주어야 하죠. 그렇게 초고를 완성했다면, 조금 거리를 두고 그 글을 다시 읽어봐야 합니다. 나와 독자 사이 어딘가에서요. 이게 정말 어렵습니다. 중이 제 머리 못 깎는다는 말이 괜히 있겠습니까? 사실 우리는 평생 나라는 존재 안에서 벗어나기가 어렵습니다. 인생의 상큼한 저주랄까요…. 나를 벗어나 내 글을 본다는 것은 평생 다다르기 어려운 일입니다. 믿을 만한 누군가에게 글을 읽어달라고 하는 것도 굉장히 좋은 방법입니다. 내가 아닌 타인이면 누구라도 좋습니다. 함께 쓰는 동료가 있다면 더할 나위 없는 행운이겠죠. 나도 아니고 너도 아닌 그 어딘가에서 글을 읽어줄 테니까요. 이런 의견 저런 의견을 가리지 말고 일단 들어보세요. 다양한 목소리와 눈으로 글을 다시 읽어보는 것이죠.

귀스타브 플로베르는 《마담 보바리》를 낭송하며 고쳤습니다. 5년 동안 지금 원전에 두 배를 쓰고, 그것을 실제로 노래처럼 불러가며 입에 걸리지 않을 때까지 고쳤다고 해요. 읽는 것만으로 운율이 느껴지도록요. 플로베르는 입이 가장 훌륭한 쓰기 선생님이라는 것을 알았던 것 같습니다. 우리는 이 언어를 평생 익히고 사용해왔습니다. 하루에도 수십 마디의 말을 듣고 쓰고 나누지요. 그 과정에서 익힌 어감과 단어의 조화, 리듬에 대한 직감을 믿어봅시다. 좋은 텍스트를 읽을수록 그 감은 농익어갈 것입니다. 여러 번 입으로 굴리고 다듬은 문장들은 입안을 또르르 미끄러지는 느낌이 듭니다. 막힘없이 읽히는 글은 잘 다듬어진 글이지요. 노래를 부르듯이 자연스럽게 다음 문장으로 흘러가게 됩니다. 독자가 읽는 데 전혀 힘이 들지 않지요. 내용과 상관없이 그것은 큰 기쁨을 주어요. 우리는 어쩌면 가장 좋은 퇴고법을 이미 알고 있는 것입니다. 썼다면 그것을 계속 소리내어 읽어보시기를 바랍니다.

우리가 만나게 되는 훌륭한 작품들은 그렇게 닦이는 과정을 수없이 반복한 결과입니다. 초고가 너덜너덜해져서 원래 어떤 모양이었는지 기억조차 나지 않을 때까지 고치고 또 고친 이야기예요. 그러니까 훌륭한 작품들도 초고만큼은 우리와 별반 다르지 않다는 뜻이기도 합니다. 작가라는 것은 그저 글에 다른 사람들보다 오랜 시간을 쏟는 사람에 지나지 않습니다. 그저 다른 사람들보다 시간과 정성을 들여 글을 세공하는 것이죠. 어떤 것에 시간과 정성을 오래 쏟은 사람만이 그 분야의 전문가가 되는 것이니까요.

여러분은 곧 알게 되실 겁니다. 백지에 새로운 그림을 그리는 것보다 어려운 것은, 이미 그린 그림을 고치는 것이구나! 초고가 호롱불 하나 들고 동굴 속으로 더듬더듬 들어가는 일이라면 퇴고는 활시위를 당기는 것이죠. 과녁을 바라보며 때가 오기를 숨죽이고 기다리는 겁니다. 활을 두고 도망치고 싶을 겁니다. 중요한 건 다시 돌아와 앉는 것이죠. 내 글을 내가 포기하지 않는 것. 그것이 가장 중요합니다. 혼자 쓰고 있다고 생각하시겠지만 실은 혼자가 아닙니다. 과거의 나와 지금의 내가, 그리고 또 미래의 내가 한 팀이 되어 쓰고 있습니다.

　내가 될 수 있는 최고의 나는 지금의 내가 아닐까요? 이런저런 성공과 이런저런 실패를 두루 겪은 나. 훌륭하고 또 한심한 나. 이러니저러니 해도 계속 살기로 결정한 나요. 퇴고의 과정에서 우리는 어쨌든 어제보다는 조금 더 나은 내가 과거의 나를 힘차게 도와줍니다. 나를 지나온, 나를 가장 잘 아는, 나를 가장 사랑하는 내가요. 이렇게 훌륭한 조력자가 또 있을라고요. 당장에 버겁다면 일단 최선을 다해보고, 또 미래의 나에게 다음을 부탁해봐도 좋을 겁니다. 더 나아진 내가, 더 더 나아진 내가 계속해서 글 안에 계속해서 쌓여가겠지요. 레이어를 더해갈수록 이야기는 더욱 선명해지고, 입체적이어지고, 깊어질 거예요. 이렇게 시간이라는 매개를 두고 여러 개의 내가 만나 함께할 수 있는 일이 글 말고 또 있을까 싶습니다.

　과거의 나를 너무 나무라지 말고요, 같이 협업해보세요. 너도 그만하면 잘했다, 이제 내가 한번 잘해볼게, 하고요. 물론 쉽지 않겠지만, 일단 그 글이 끝날 때까지는 나한테 잘해줍시다. 왜냐하면 글은 언젠가 끝이 나고요. 그것이 끝나면 다음엔 더 잘 쓸 수 있을 거거든요. 못 쓴 글이 없는데 어떻게 잘 쓴 글이 있을 수 있습니까?

   한번 엎지른 물은 주워 담을 수 없다는데, 초고는 얼마든지 주워 담았다 다시 쏟아볼 수 있으니 얼마나 좋습니까. 무한 리필이에요. 그렇담 글은 대체 언제 완성될까요. 알을 품은 엄마 닭처럼 일단 잠자코 품어봅시다. 언젠가 부리가 콕콕 껍질을 두드리는 소리가 날 거예요. 그럼 즉시 궁뎅이를 들고 자리를 비켜줍시다. 그 껍질을 깨고 걸어나오는 새 생명을 가만히 지켜보고… 그것이 제 길을 가도록 보냅시다.
   그런데 여러분, 글 한 편에 너무 깊이 빠지지는 마세요. 너무 잘 쓰려고 하기보다는 여러분이 신났으면 좋겠습니다. 잘 나가다가도 갑자기 길을 꺾고 싶으면 꺾어보세요. 생전 안 해본 행동도 글에서는 해보고, 과감히 솔직해져보기도 하세요. 글 속에 있는 이야기는 여러분을 닮았지만 절대 여러분이 아닙니다. 언젠가 당신이었던 것 혹은 당신이었을 수도 있었을 것. 그러니까 우리가 향할 수 있었던 수많은 우주의 한 줄기 같은 것이니까요.

어느 별에서,
양다솔 드림

* 비밀쪽지

퇴고 방법이 궁금한 당신에게

처음으로 마음에 드는 초고를 썼던 날을 기억합니다. 어디에 제출하거나 보낼 것도 아닌데, 쓴 글을 몇 번이고 다시 읽어보곤 했어요. 더 이상 고칠 것이 한 글자도 보이지 않을 때까지 며칠 동안 글을 고쳤습니다. 물론 그렇게 고쳐둔 글도 지금 보면 차마 눈 뜨고 볼 수 없을 만큼 고칠 것이 수도 없이 많죠. 그런데 어쨌든 그때의 제 눈에 그 글은 제가 할 수 있는 최선에 닿아 있었어요. 저는 기쁘고 후련한 마음으로 펜을 내려놓고 그 글을 열 번도 더 읽었어요. 공들여 케이크를 완성한 파티시에처럼, 꿈에 그리던 조각상을 완성한 조각가처럼. 하루 종일 그 곁을 떠나지 않고 빙빙거렸답니다. 제 글을 읽으며 혼자 울고 웃음을 터뜨렸어요. 글 쓰는 것을 정말 정말 사랑하게 되었습니다.

그래서 말이죠, 퇴고를 해봅시다. 어떤 글을 고쳐보실래요? 고심껏 써보고 만져보고 살펴보고 다듬어볼 주제를 골라보세요. 지금의 내가 할 수 있는 최선으로, 귀여운 케이크 혹은 조각상을 만들어봅시다. 오랫동안 어루만지게 될, 결코 배설이 아닌, 누구에게도 자랑스럽게 보여줄 수 있는 글 한 편을 완성해보자고요. 무슨 얘기든 좋아요. 단언컨대, 여러분은 그 글을 사랑하게 될 것입니다. 그리고 오래오래, 그 글을 쓴 것을 정말 잘했다고 생각하게 될 거예요. 여러분의 속도대로 글을 정하고, 고치기를 시작해봅시다. 어떤 글을 고쳐야 할지 바로 떠올랐을 수도 있어요. 우리 마음속에는 누구나 골목에 두고 온 어린아이 같은 글이 있을 것입니다. 그 글을 열어 나라는 사람은 어떤 이야기를 하고 싶었던 것인지, 누구보다도 내가 나에게 귀 기울여봅시다. 그리고 그 말이 더 많은 사람들에게 잘 들릴 수 있게 번역해줍시다.

모든 언어는 번역이 필요합니다. 초고가 온전히 내 언어로 그 이야기를 꺼내놓는 일이라면, 퇴고는 그 이야기를 모두가 알아들을 수 있도록 번역하는 일입니다. 내 의도를 나만큼 잘 아는 사람은 없겠죠. 그 이야기가 온전히 서 있을 수 있도록, 선명하고 생생하게 존재할 수 있도록 문장을 다듬어주세요. 새로 써주세요. 더 정확한 단어를 찾아주세요. 이거다 싶을 때까지 절대 그 냥 넘어가지 마세요. 단어 사냥을 떠나세요. 사전을 켜 십시오. 내가 원래 쓰던 단어들도 다시 검색해보세요. 생각하던 뜻이 맞았는지, 새삼 입에 담지 않았던 단어는 없는지 찾아보세요. 같은 단어를 반복해서 쓰는 것은 힘을 가질 때도 있지만, 마치 같은 옷을 계속 입는 사람처럼 밋밋하고 지루합니다.

단어들이 정확한 곳에 자리를 찾아 들어가 있는 글은, 손님을 맞을 준비가 된 집 같은 느낌이 듭니다. 쾌적하고 편안하죠. 독자로서 나를 맞이해주고 있구나 하고 느끼게 됩니다. 읽으면서 어디에도 걸림 없이, 의문 없이, 모순 없이 읽히면 이미 그 글은 전달에 있어 왜곡과 오해를 절반 이상 줄인 것입니다. 퇴고 과정에서 무엇보다 중요하게 여겨야 하는 것은 재미있기 이전에, 아름답기 이전에 정확해야 한다는 점입니다.

정확하게 썼다면 다음은 쉽게 쓰기입니다. 쓰기에 심취해 괜히 말을 길게 쓰는 데 맛을 들이지 않았나요. 그냥 '문으로 들어간다'라고 쓰면 될 것을 '직사각형 원

목 문의 손잡이는 스텐이고, 그걸 오른쪽으로 살짝 돌리면 벌어지는 틈으로 어깨를 집어넣었다'라고 쓰지는 않았나요? 어디에 사는 누가 읽어도 내가 문 안으로 들어간다는 사실을 알 수 있도록, 정확하되 쉽게 써봅시다. 정확하고 쉽게 쓰는 가장 좋은 방법은 문장을 짧게 쓰는 것입니다. 한 문장에 너무 많은 업무를 쥐여주지 마세요. 걔도 퇴근해야 됩니다. 한 문장에 딱 하나의 소임을 주세요. 짧은 문장을 잘 쓰고 나서야 긴 문장을 잘 쓸 수 있습니다. 정확하고 쉬운 다음에야 우리는 아름답게 써볼 수 있을 것입니다.

    때로는 글 안에서 고유의 리듬이 발생한다는 것을 알게 되실 겁니다. 어떤 글은 템포가 너무 고유해서, 분명히 내가 쓴 글인데도 그 리듬을 따라가기가 어렵게 느껴지기도 합니다. 글을 고치기 위해 그 리듬을 다시 되찾는 데까지는 시간이 좀 필요합니다. 마치 과거의 나를 내가 연기해야 할 것 같은 기분에 빠지기도 하지요. 여러 번 소리내어 읽어보세요. 그 글이 지닌 템포를 잘 살려가며 이어보는 연습을 해봅시다. 처음부터 말을 맞추기는 어렵겠지만 천천히 가까워질 수 있을 거예요. 필요 없다 싶은 문단은 과감히 삭제하고, 상자 안에 넣고 뒤흔들듯이 순서도 고쳐봅시다.

    글은 결국 문장의 모음입니다. 문장 사이의 관계 역시 잘 살펴보세요. 서로가 옆에 있어서 득을 보고 있는지, 오히려 서로 싸우고 있지는 않은지, 없어도 되는 애가 껴 있지는 않은지요. 가장 필요한 문장이 생략되어 있을 수도 있습니다. 문장으로 설명하기 어려운 것을 어떻게든 말하려고 애쓰고 있다면 아예 다른 방식으로 말해볼 수는 없는지 살펴보세요. 생략한다든지 더 단순하게 상황을 바꿔보세요. 멀리서 보면 하나의 잘 가꿔진 정원이지만 주인에게는 식물 하나하나마다 역사와 이름과 이야기가 있듯이, 다루기 까다롭고 섬세한 식물들을 관찰하는 마음으로 문장을 한 줄 한 줄 닦아봅시다.

    세상에 정말 많은 사람들이 있다는 걸 잊지 말고 씁시다. 그중에는 나를 아는 사람도 있지만, 모르는 사람이 압도적으로 더 많습니다. 나와 비슷한 사람도 있지만, 나와 전혀 다른 사람도 있습니다. 지금은 내가 제일 비참하고 불쌍해 보이지만, 분명 그보다 더한 일을 겪은 사람이 세상에는 있습니다. 그런 존재를 불쌍해하라는 것이 아니라, 그런 존재가 있다는 것을 잊지 말고 쓰십시오. 내가 뭔가를 아는 것 같지만, 모르는 것이 훨씬 많다는 걸 잊지 말고 쓰십시오. 내가 잘못 알고 있는 무언가가, 내가 쉽게 뱉은 어떤 단어가 누군가에게는 삶의 가장 큰 상처를 건드리는 일일 수도 있다는 것을 잊지 마십시오. 내 글에 등장하는 누군가가 독자에게 완전히 비난받을 만한 존재로 비춰진다면, 그것은 그 사람이 그럴 만하기 때문이 아니라 내가 그렇게 썼기 때문입니다. 누군가를 벼랑 끝으로 몰고 있다면 그 글을 잠시 멈추세요. 그리고 사랑하는 것에 대해 다시 쓰기 시작합시다.

나와 비슷한, 나를 아는 사람에게 쓰기보다는 나와는 전혀 다른, 평생 한 번도 만나본 적 없는 사람에게 말하듯이 써봅시다. 내 삶의 외부인에게 지금 내 세계를 이해시키기 위해, 그것도 재미있게 이해시켜주기 위해서는 어디서부터 이야기를 시작해야 할까요? 꼭 아셔야 할 것은, 그는 내 글을 읽기 위해 그의 삶을 쓰고 있다는 것입니다. 그 귀한 시간을 들여 내 글을 읽는 손님에게 내가 줄 수 있는 이야기는 무엇일까, 생각해봅시다. 나를 하나도 모르는 사람도 이 이야기를 편하게 이해하며 재미있게 따라갈 수 있을지, 마지막까지 고민해보시기 바랍니다.

 내 글을 읽는데 차마 너무 흉측해서 도저히 읽을 수 없다! 정말 축하드립니다. 글이 늘었다는 증거입니다. 얼마나 좋습니까. 보이는 것마다 다 뜯어 고치세요. 완전히 새 집을 만들어버리세요. 제일 무서운 것은 어디가 문제인지 보이지 않는 것입니다. 그럴 때는 가장 냉철한 독자에게 글을 읽혀보세요. 평소 글에 전혀 관심 없는 이가 때로 가장 객관적인 독자가 됩니다. 아마 찬물을 맞은 듯 정신이 확 들 거예요.

 퇴고 기간에는 잠시 다른 책은 덮어둡시다. 나의 작고 연약한 목소리가 너무 완숙한 문장과 만나면 무서워서 쏙 숨어버릴 수도 있으니까요. 어디를 가야할지

갈피를 못 잡는 내 손이 모르는 사이 어떤 문장을 모방하고 있을지도 모르니까요. 이 시기만큼은 내 목소리에 온전히 집중해보면 좋겠습니다. 훌륭한 작가의 문장을 닮은 적당히 잘 쓴 문장보다, 아무와도 안 닮은 엉성하고 독창적인 문장을 향해 가봅시다. 우리는 최고의 글을 쓰고자 하는 것이 아니라, 나만 쓸 수 있는 이야기를 찾는 것이니까요. 내가 아직 던지지 않았던 영역에 돌을 던져봅시다. 하지만, 언어를 다채롭게 연주하는 작가, 나에게 계속 말을 거는 듯한 작가, 다시 앉아서 쓸 힘을 주는 작가, 읽고 나면 기분을 환기시켜주는 작가의 책이라면 늘 책상 위에 놓아두면 좋겠죠. 이 책도 여러분에게 그런 책이 되었으면 합니다.

  아, 고쳐 쓰다 보니 갑자기 어떤 부분에서 확 딴 길로 빠지고 싶은 생각도 들 것입니다. 본론은 저 멀리 있는데 입구에서부터 딴소리가 너무 많이 생각나는 경우죠. 그럴 때는 그냥 쓰세요. 아니, 글쓰기가 얼마나 힘든데. 별안간 글의 소나기가 쏟아지는데 왜 안 맞습니까? 고개 들고 입 벌리고 다 맞으세요. 써 놓은 것은 언젠가는 다 씁니다. 주시는 문장의 비, 감사한 마음으로 다 적으세요. 어떤 것도 감히 생략하고 압축하지 마십시오. 그건 지금 할 일이 아닙니다.

퇴고라는 먼 길을 떠나는 여러분에게 드릴 것은 없고… 부적을 하나 써봤습니다. 길을 잃은 것 같을 때마다 뒤에 이어지는 체크리스트를 따라가보세요. 하나하나 체크하며 넘어갈 때마다 언덕 하나를 넘은 기분이 들 것입니다. 그리고 언젠가 여러분만의 퇴고 체크리스트가 생길 거예요.

이렇게 엉덩이를 붙이고 글을 쓰고 앉았는데 어떻게 글이 안 늘 수 있을까요? 글을 쓰는 사람은 그저, 글을 오래 써온 사람과 다름없습니다. 시간을 쓴 만큼 근육이 늡니다. 여러분이 지금 쓰고 있는 문장이 또 다음 문장을 부르고, 또 언젠가는 내가 생각지도 못했던 문장들을 불러옵니다.

그러니 모든 질문은 내려두시고 지금은 그저 쓰십시오. 엉덩이는 이 일을 기억할 것입니다. 글을 쓰는 것은 머리도 마음도 손도 아닌 지금 여러분의 의자에 닿은 그 두 개의 언덕입니다. 그 언덕에 쌓인 시간과 기억들을 믿으며 오늘도 한 문장 전진!

피카츄가 라이츄가 되어 있길 바라며,
양다솔 드림

퇴고 체크리스트

1. 초고를 완성하기

- ☐ 의도에 맞게 쓰였는가
- ☐ 글의 핵심이 충분히 설명되었는가
- ☐ 불필요한 정보가 필요 이상으로 많지는 않은가
- ☐ 서론·본론·결론으로 나누었을 때 비율이 치우치지 않고 적절한가
- ☐ 본론으로 들어가기까지 너무 오래 걸리지는 않는가
- ☐ 결론이 지나치게 교훈적이거나 단정적이지 않는가
- ☐ 모든 것을 너무 자세히 설명하지 않는가
- ☐ 가장 중요한 것을 너무 쉽고 전형적으로 말하고 있지 않는가
- ☐ 문장의 호응과 문단의 리듬이 일정하게 유지되고 있는가
- ☐ 특정 독자를 소외시키는 이야기나 단어를 사용하고 있지 않는가

2. 완성도 있게 썼는지 확인하기

- ☐ 좋은 제목인가
- ☐ 비문인 문장이 있는가
- ☐ 한 문장이 지나치게 길지는 않은가
- ☐ 정확한 단어를 사용하였는가 (→ 확신이 없다면 사전을 꼭 찾아보기)

- ☐ 닮고 닮은 단어를 사용하지 않았는가
- ☐ 같은 단어를 반복적으로 사용하지 않았는가 (→ 유의어로 대체해보기)
- ☐ 분량이 너무 많거나 적지는 않은가
- ☐ 나도 모르게 내가 닮고 싶은 글을 따라 쓰거나, 익숙한 결론을 내지는 않았는가
- ☐ 문단 간의 관계, 순서가 최선인가
- ☐ 독자와의 거리가 적절하게 유지되고 있는가
- ☐ 첫문장이 좋은 문지기가 되어주고 있는가
- ☐ 마지막 문장은 글을 잘 맺어주고 있는가
- ☐ 꼭 필요한 문장만 담겼는가
- ☐ 문단별로 적어도 한 문장씩, 핵심적인 문장이 담겨 있는가
- ☐ 이 글을 한 문장으로 요약할 수 있는가

3. 알맞는 형식으로 썼는지 확인하기

- ☐ 글의 장르나 형식이 주제와 어울리는가
- ☐ 이야기를 이끌어갈 화자를 적절히 골랐는가
- ☐ 지금 일어나는 일처럼 쓰지 말아야 하는 필연적인 이유가 있는가
- ☐ 부제와 부사가 꼭 필요한 곳에 적절히 쓰였는가
- ☐ 문장부호, 유행어가 필요 이상으로 쓰이지 않았는가

- ☐ 오타 및 띄어쓰기의 오류는 없는가
- ☐ 모두가 이해할 수 있는 예를 들었는가 (→ 주석 달기)
- ☐ 인용에 대한 출처를 기재하였는가

4. 낯설게 읽기

- ☐ 남의 글처럼 읽기
- ☐ 글을 조판해서 읽어보기
- ☐ 핸드폰으로, 모니터로, 노트북으로, 패드로 읽어보기
- ☐ 산책, 운동, 집안일… 딴짓하고 읽어보기 (단, 다른 서사에 잠기기 제외)
- ☐ 한 김 쉬고 다시 읽어보기 (다음 날, 일주일 후, 한 달 후)
- ☐ 인쇄해서 종이로 읽어보기
- ☐ 큰 소리로 낭독해보기
- ☐ 남에게 낭독을 부탁하기
- ☐ 막히는 문장 계속 입에 굴려보기

5. 다듬기

- ☐ 물 흐르듯 읽히지 않는다면 입에 더 잘 붙는 문장으로 수정하기
- ☐ 너에게, 혹은 나에게 유의미한 글인지 재고해보기

☐ 가까운 이에게 피드백받고 반영해보기

☐ 꼭 필요한 내용인지 질문해보고 답을 할 수 없다면 과감히 걷어내어 다른 글에 써먹기

☐ 안 맞는 표현 과감히 버리기

☐ 아름다운 문장보다 정확한 문장 쓰기

☐ 처음부터 다시 읽기 (→ 마음에 안 드는데 어딜 고쳐야 할지 모르겠다면, 다 지우고 처음부터 다시 써보기)

4부 ‡ 장소와 사물
그곳에는 내가 묻어 있다

{ 이 주의 글감 · 나의 공간 연대기 }

내 '집' 마련보다 내 '글' 마련

글 천재 양다솔이 돌아왔습니다. 글 쓰는 사람이 패기 빼고 뭐가 남겠습니까? 글이 남죠. 예, 여러분은 잘하고 계신 겁니다. 언젠가 저는 한 시절을 출판사의 편집자로 보냈었는데요. 편집자가 된 순간 '이렇게 아니 땐 굴뚝에 연기가 난다고?' 하고 생각했어요. 저는 책에 관심이 하나도 없었거든요. 그게 무슨 소리냐고요? 하지만 사실입니다. 저도 좀 어이가 없습니다. 어느새 고개를 들어보니 주변엔 책과 책을 쓴 사람들로 둘러싸여 있고 저마저도 책을 써버렸거든요. 정말 이상하죠?

하여간 그 즈음 어마무시하게 큰 도서관에 갔던 적이

있습니다. 바닥부터 천장까지 빼곡하게 책으로 가득 찬 곳이었는데요. 개미 하나 지나다니지 않을 정도로 조용했는데도 그곳에서 저는 귀를 틀어막고 싶었습니다. 마치 지금껏 존재해온 인류가 시공간을 초월해 각자의 이야기를 떠드는 것 같았거든요. 너무 시끄러워 진이 다 빠지는 듯했습니다. 질렸어요. 인간들은 왜 이렇게 자기 얘기를 못해서 안달일까 싶었습니다. 삶을 다 바친다 해도 다 읽을 수 없을 만큼의 이야기들이었고, 그래서인지 하나도 알 필요가 없을 것 같았습니다. 여기서 딱 한 권의 책만 남긴다면 무엇이 될까 생각하다가, 어쩐지 단 한 권도 남길 수 없겠다는 생각이 들었습니다. 인류의 거대한 욕망과 고독을 본 기분이었습니다. 글을 안 쓰는 미덕에 대해, 침묵하는 미덕에 대해 생각하게 되었어요.

그때부터 진심으로 궁금했습니다. 말 잘 통하는 사람 한 명 붙잡고 한바탕 시원하게 털어놓으면 다 풀릴 일을 왜 사람들은 구태여 쓰려 할까. 오랜 시간 조금씩 그 질문에 대한 답을 찾아왔던 것 같습니다. 제가 얼마나 교만했는지부터 털어놔야 할 것 같습니다. 위와 같은 생각을 하던 시절의 저는 마음이 맞는 보석 같은 친구를 몇몇 두고 있었습니다. 언제든 어떤 것이든 숨기거나 계산하지 않고 털어놓을 수 있었죠. 그것이 특혜인 줄도 모르고 누렸습니다. 시간이 흐르며 사실 '대화'라는 건 기적에 가깝다는 것을 알게 되었습니다.

　말하고 싶은 상대를 찾아야 하는데 그것부터 어디 쉽나요. 상대가 제 언어를 알아들으면서도 저와 대화를 하고 싶어 해야 하죠. 아, 벌써 어렵습니다. 그리고 중요한 얘기를 하려면 에너지가 필요하죠. 상대도 들을 힘이 필요하고요. 시간도 촉박해서는 안 되고, 장소도 조용하고 아늑해야 할 겁니다. 그런 환경이 갖춰졌다면, 부끄러움을 무릅쓰고 갖은 언어를 총동원해 이야기를 펼쳐야겠죠. 리듬을 타야 합니다. 실마리가 풀리듯이 술술 이어져야 하지요. 리허설도, 큐사인도 없고, '좋은 대화'라는 제목으로 미리 기획할 수도 없습니다. 나도 신나게 이야기하고, 상대도 신나게 듣는 순간. 그러니까 말하자면 좋은 대화란 기적 아닐까요?

　그런데… 여러분은 친구와 했던 대화를 잘 기억하시나요? 기껏해야 몇 마디를 파편적으로 기억하거나 서툴게 요약해낼 수 있을 뿐이겠지요. 말이라는 것은 날아가버리고 맙니다. 아주 높은 확률로 왜곡되어 저장되고요. 그때 말하다가 제 이빨에 고춧가루라도 끼어 있었다면 아무리 중요한 얘기라도 고춧가루로 요약될 수 있습니다. 학창 시절에 좋은 기억으로 남아 있는 선생님, 그 선생님이 했던 말 한 줄이라도 기억하십니까? 그렇게 우리는 살기 위해 기억들을 씻겨 내려가게 둡니다. 그 자리에는 뿌연 느낌만 남아 있게 되지요. 그것은 이기적이거나 나쁜 것이 아니고, 그냥 생존방식입니다. 그때 그 순간을 진정으로 기억하고 있는 것은 너도, 나도, 세상도 아니게 되지요. 그럼 그 소중한 기억은, 어제 꾼 꿈과 뭐가 다르게 될까요?

    글은 훨씬 더 쉽고 효과적으로 대화라는 기적으로 우리를 이끌어줍니다. 여러분이 지금 꺼내어 적고 있는 언어는 그 소중한 것들의 집이 됩니다. 글은 그것을 아무 힘도 들이지 않고 지켜줘요. 글은 쓰는 이가 내킬 때, 편할 때, 시간에 구애 없이 어디서든 어떤 자세로든 쓸 수 있죠. 힘이 들면 잠시 쉬고, 컨디션이 좋을 때 잠깐 와서 더 적어내려도 됩니다. 다 쓴 후에는 얼마든지 내 의도에 맞게 다시 고쳐도 됩니다. 엎질러진 물이라면 다시 주워 담아 또 한번 대차게 엎어볼 수 있죠. 시작도, 끝도 내 마음입니다. 이는 독자도 마찬가지예요. 가장 읽고 싶은 순간에 읽고 싶은 곳에서 펼쳐볼 수 있습니다. 읽고 싶은 만큼 읽을 수 있고, 이해가 안 되는 구간에서는 며칠을 머물러도 됩니다. 쪽팔리게 울고 웃고 짜도 아무도 뭐라 하지 않고, 마음에 들면 크게 외쳐볼 수도 있습니다. 까먹었다 싶으면 언제든 다시 펼쳐볼 수 있고, 좋아하는 부분은 접어둘 수도 있으며, 통째로 누군가에게 공유할 수도 있지요. 가장 좋은 순간에 이야기를 담고, 가장 좋은 순간에 이야기를 꺼내볼 수 있습니다. 그야말로 어떤 이야기가 가질 수 있는 가장 아름답고 안전한 집이며, 서로에게 가장 최선의 순간을 기다려주는 매체인 것입니다. 이보다 효과적이고 경제적이고 명확한 의사소통의 도구가 있을까요? 흰 화면 위의 검은 글자. 어떤 권위나 허례허식 없는, 가장 단순한 방식으로 서로를 만날 수 있는 방식입니다.

머릿속 어딘가를 둥둥 떠다니는 그 이야기들에 적절한 단어를 찾고, 문장으로 직조해내기란 분명 어려운 일일 것입니다. 어쩌면 영영 익숙해지지 않을 거예요. 그러나 한번 건축된 그 이야기의 집은 아무런 유지 비용도 들이지 않고도 당신의 이름 아래에 그 이야기를 지킵니다. 그것은 참말로 황홀한 일이 아닌가요?

글은 그토록 단순하고, 가볍고, 직관적이기에 당신이 발로 갈 수 있는 곳보다도 훨씬 더 멀리까지 아주 오래 유영합니다. 스스로 생명을 가지고 당신에게서 멀어져 자신만의 길을 갑니다. 독자를 만나고 그들과 새로운 관계를 만듭니다. 좋은 대화 이후에 우리가 조금씩 다른 표정과 태도와 마음으로 살아가듯, 좋은 이야기는 누군가를 머무르게 합니다. 그것은 아담한 방만 하다가, 커다란 집이 되었다가, 커다란 운동장이나 들판이 되기도 합니다. 어떤 이야기는 몇 세대에 걸쳐 그 시대를 사는 모두를 들이기도 하지요. 아마도 지금껏 살아온 인류, 그 한 사람 한 사람이 저마다 그토록 지키고 싶었던 이야기가 있었던 것이겠지요. 그래서 저는 여러분이 최선을 다해 멋진 이야기를 지었으면 해요. 딱 한 편만요! 모두가 꿈꾸는 '내 집 마련'처럼, 내 영혼이 살 글을 마련하는 거죠.

    저는 평생 많은 것들을 사랑했지만 가장 절절히 사랑했던 것은 집이었습니다. 6년간 살던 전셋집을 부동산에 내놓고서 엄마에게 집을 내놨다고 말하려는데 "엄마, 나 ㅈ"까지만 말하고 그만 주저앉아 통곡했던 기억이 나요. 엄마는 무슨 큰일이라도 난 것처럼 다급히 무슨 일이 났냐고 물었어요. 제가 하늘이 무너진 듯 울고 있었거든요.

    공간은 나보다 크고 단단하고 움직이지 않는 것이라고 생각해서 그럴까요. 집이 제 애정을 담는 가장 든든한 그릇처럼 느껴졌던 것 같습니다. 실제로는 별로 크지도 단단하지도 움직이지 않는 것도 아닌데 말이죠. 소중한 것을 잃고 무너질 때도 돌아올 곳이 있어 살아냈습니다. 그 집을 보내겠다고 마음먹고, 실제로 떠나기까지 정말 오랜 시간이 걸렸어요. 이사가 저한테는 가장 끔찍한 이별이고, 삶을 처음부터 재건축하는 일처럼 느껴졌습니다. 길고 뜨거운 사랑이 지나고 지금은 새로운 공간에 와 있습니다. 그곳이 아니면 어디에서도 살 수 없을 것 같다고 생각했는데요. 웬걸, 새로운 공간에 오니 마치 새 책을 펼친 듯 다른 이야기가 시작된 기분입니다. 이전 공간 위에 덮였다든지 대체됐다든지 하는 것이 아니고, 그냥 다른 이야기가요.

    아직도 눈을 감으면 생생하게 떠오르는 공간들이 있습니다. 정말 지금 그곳에 있는 것처럼, 작은 것 하나까지 생생히 보여요. 그중 몇 곳은 이제 세상에 존재하지 않습니다. 제가 나고 자란 동네는 바닥부터 뒤집혀 완전히 다른 곳이 됐거든요. 그저 눈을 감으면 생생하게 떠오르는 그때 그 동네가, 이 세상에는 더 이상 존재하지 않는다는 게 익숙하지 않습니다. 어떤 공간은 너무 그리워서 꿈에 나오기도 합니다. 다시는 가볼 수 없는 공간을 꿈에서 계속 누벼요. 그래서인지 저는 '변하지 않는 공간'을 가진 사람들이 부럽습니다. 그런 사람은 공간이 그리워서 꿈에 나올 일은 없겠죠? 기억이 겹겹이 쌓인 어떤 곳이 사라질 거라는 두려움도 겪지 못했을 것입니다. 날 때부터 살았던 곳에 쭉 살아온 사람과, 한 번도 어떤 공간에 정을 붙여보지 못한 채 돌아다닌 사람의 이야기는 분명히 다를 것 같아요.

　시간을 공간처럼 느끼기도 합니다. 때로 먼 과거가 옆방처럼 가깝고, 어제는 우주만큼 미지의 세계처럼 느껴져요. 어떤 기억은 거실처럼 한복판에 있고, 어떤 기억은 아주 오래 열어보지 않은 쿰쿰한 창고 방 같습니다. 여러분이 '나의 공간'이라고 느끼게 하는 요소들은 무엇인가요? 저는 집에 고양이가 없으니까 제 집이 아니라고 느껴지더라고요. 나는 어떤 공간과 관계맺고 있나요? 그 시간과 이야기 모두가 그 공간의 모양과 아주 깊은 연관을 갖고 있을 것입니다. 새로운 공간에서는 새 이야기가 쓰이니까요. 여러분에게 각별한 이야기를 담고 있는 공간이 궁금합니다. 여러분은 공간을 향해 공격적인지, 수비적인지도 궁금합니다. 금주의 주제는 갇히고 끼이고 뻗어나가는, '나의 공간 연대기'예요.

　저는 여러분이 쓴 이야기들로 가득 찬, 커다란 도서관을 상상합니다. 그곳에서만큼은 결코 귀를 막지 않을 거예요.

함께 쓰는,
까불이 드림

(추신)

떠나온 곳, 떠나고 싶은 곳, 이제는 사라진 곳,
나를 다른 사람으로 만들어버리는 곳, 내가 만들고 싶은 곳,
절대 사라질 수 없는 곳… 여러분의 공간을 우선 나열해보세요.

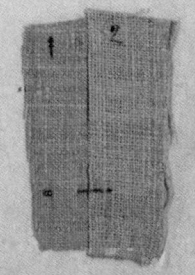

(이 주의 글감 · 오늘의 발명)

절망 속에서 탄생한 것

저는 지난겨울 목욕탕으로 출근하다시피 했습니다. 이 기분이 깨끗이 씻길 때까지 씻고 싶다고 생각했을 뿐인데 그리 되었습니다. 목욕탕 안에 있는 가장 뜨거운 탕에 발을 담근 채 정혜윤의 《삶의 발명》을 읽었습니다. 그 결과로 작고 얇은 이 책은 목욕탕의 습기와 저의 눈물에 젖어 보기 흉할 정도로 우글우글해지고 말았습니다. 책이 두 배로 불어났습니다. 안된 일이라니요, 좋아하는 것이 부피가 더 커졌으니 좋은 일입니다. 생각해보세요, 목욕탕에서 눈물을 줄줄 흘리며 책을 읽는 다 큰 여자를. 이 책에는 제가 생각하는 가장 끔찍한 삶을 사는 사람들, 그리고 가장 고귀한 삶을 사는 사람들이 등장합니다. 놀랍게도 그들은 같은 사람들입니다.

가장 끔찍한 순간에 사람들은 어떻게 다시 살기로 선택할까? 궁금했습니다. 살 만해서, 성공해서, 나름대로 즐거워서 계속 사는 사람들의 얘기말고, 실패한 사람들, 대책도 없이 불행한 사람들은 도대체 어떻게 살아야 하는지, 왜 아무도 얘기를 안 해줄까 궁금했어요. 게임에서 계속 레벨 업 하는 사람 말고, 레벨이 다운되는 사람은 어떻게 플레이를 하죠? 눈 뜨고 볼 수 없을 정도로 망가진 몸과 마음, 어디서부터 손을 대야 할지 모를 정도로 엉망인 세상, 어떤 도움의 손길도 없는 적막 속에서 혼자인 사람들. 더 이상 변할 것도 나아질 것도 없다고 느껴지는 삶의 순간에서도 왜 사람은 살기로 할까.

정말 궁금했습니다. 태어났을 때부터 노예의 신분으로 태어나 죽을 때까지 그것을 벗어날 수 없는 사람은 하루하루 어떤 마음으로 살아갈까. 돌아갈 집 없이 홀로 떠돌아다니는 사람. 하루 아침에 전 재산을 잃은, 소중한 사람을 떠내보낸, 씻을 수 없는 불명예를 얻은 삶은. 삶이 실패로만 느껴지는 사람은 어떻게 살까. 절벽까지 밀려난 사람은 어떻게 삶을 다시 시작할까. 답을 찾고 싶었습니다. 그것은 정말 궁금한 것일 뿐 아니라, 저에게 정말 필요한 것이기도 했거든요.

이야기가 해주는 가장 멋진 일은 '저렇게 살 수도 있구나' 느끼게 하는 일이 아닐까요. 그것은 다른 말로, '저렇게 살아도 되겠구나'라고 생각합니다. 사람은 언제나 나와 비슷한, 공감 가는 이야기를 찾습니다. 그런 이야기가 없는 삶은, 낯설고 인적이 없는 길을 혼자 걷는 것과 같습니다. 한참 가다 보면 문득 생각이 들죠. '내가 길을 잘못 들었나? 아무도 없네.' 그때 저 멀리 앞서 걷는 누군가의 뒷모습이 보이고, 멀리서 누군가의 목소리가 들려오면 그제야 안심합니다. 잘 가고 있었구나. 그저 보이지 않았던 거구나. 저는 이야기가 해야 하는 것이 그런 일이라고 생각합니다. 나 같은 사람이 이 지구 어딘가에 또 있다는 확인. 살아도 된다는 승인. 당신이 그렇게 살고 있다니, 나도 이렇게 살 수 있겠군요. 그리고 응원과 희망. 저도 계속 살아볼게요. 나도 당신처럼 되어볼게요. 그렇기에 이야기란 내 삶이 가질 수 있는 수많은 가능성, 나라는 한계에서 멀어지고자 하는 마음, 더 구체적으로 연결되고 싶은 본능의 다른 말인 것 같습니다. 당신이 어떻게 사는지는 그래서 중요합니다. 나도 충분히 그렇게 할 법하거든요.

저는 이 책에서 제가 읽기 전까지는 몰랐던 세계들을 만났습니다. 어쩌면 모른 척했던, 모르고 싶었던 세계일 수도 있고요. 그들은 멀리 있지만 나와 별로 다르지 않습니다.

그들이 한 모든 행동은 '우리도 할 법한 행동'입니다. 반면 그 세계의 사람들은 저를 모른 척했던 적이 없습니다. 모른 척은커녕, 보이지 않는 곳에서 저를 사랑해왔습니다. 그것도 열렬히요. 제 삶을 응원하고 지지하고 도와주었습니다. 저는 그저 몰랐을 뿐입니다. 그들이 얼마나 끔찍한 절망의 늪에서 그런 사랑을 '발명'하고 말았는지 알고 나면, 그런 선택을 했다는 것이 충격으로 다가옵니다. 저에게 말하는 듯합니다. '우리는' 이런 선택을 할 수 있다. 살 수 있고, 살아도 되고, 살아야 한다.

가장 슬픈 순간에 저는 너무나 말하고 싶고, 너무나 말하고 싶지 않습니다. 말하고 싶은 이유는 제 안에 털어놓고 싶은 이야기가 너무 많기 때문이고, 말하기 싫은 이유는 그것이 모두 저에 관한 이야기뿐이기 때문입니다. 슬픔의 순간에 모든 문장은 나로 시작합니다. '나 지금 너무 막막해. 내 인생은 끝났어. 니가 내 마음을 알아?' 슬픔이 온몸을 장악하고, 내 이야기는 그 어떤 것과도 공명할 수 없습니다. 어떤 말도 내 마음을 다 담을 수 없고, 누구도 나를 이해하거나 위로할 수 없습니다. 나는 내가 아닌 어떤 것도 담을 수 없는 그릇이 됩니다.

좋은 이야기는 그런 나를 다그치지 않습니다. 쉽게 위

로하지도 않습니다. 그저 내가 얼마나 무엇도 사랑하지 않았는가 알게 합니다. 따사로운 빛으로 슬며시 그곳을 비춥니다. '어이, 너 안에 너 말고 아무것도 없잖아. 너 말고 아무도 살 수 없잖아.' 저는 누군가 어깨를 살짝 건들인 것처럼 고개를 듭니다. 시선을 들어 밖을 봅니다. 드디어 말이지요. 내가 아닌 타인에 대해 나는 얼마나 알고 있을까요. 이 작가는 나에게서 얼마나 나아갔기에, 타인을 이토록 나처럼 말할 수 있는 걸까요. 그는 얼마나 많은 이야기를 알고 있는 걸까요. 얼마나 많은 삶을 상상하고 연결될 수 있는 걸까요. 저는 그가 신처럼 느껴집니다. 처음부터 끝까지 다른 삶에 대해서 이야기하고, 자신에 대한 이야기는 무엇도 하지 않습니다. 그런데도 이 이야기는 너무나 완전합니다. 그는 그저 내가 몰랐던 세상을 보여주는 창문처럼 거기 있고, 나에게 너무나 많은 길을, 삶을, 선택을 줍니다. 존재하지 않고, 너무나 존재합니다.

 삶이 너무 끔찍해서, 거기서부터 삶을 다시 발명하기 시작한 사람들의 이야기. 저는 이 책을 지난겨울 교본으로 삼았습니다. 여러분은 삶의 가장 힘든 순간에, 자꾸만 내가 내 안에 갇히려 할 때 고개를 돌리게 해주었던 이야기가 있나요? 나에게서 너로, 절망에서 희망으로요. 여러분에게 살아도 된다고 말해주었던 이야기. 다시 살고 싶게 만든 이야기. 새로운 삶을 상상하게 해준 이야기가 있나요. 깨끗해진 몸과 마음으로, 새로운 마음을 두둥실 떠오르게 하는 이야기. 내가 언젠가 갖고 있었던 맑고 투명하고 흰 마음과 다시 손잡게 해주는 이야기요.

    낯선 사람의 작은 선의, 생각지도 못한 선택을 한 친구, 기나긴 새벽의 통화, 깊고 진한 위로의 한마디, 눈물의 밥상, 잊지 못할 영화, 우글우글해진 책. 여러분의 '오늘'을 '발명' 하게 하는 무언가, 지금의 여러분을 살아 있게 한 이야기 하나를 선물해주시면 좋겠어요. 제가 그걸 씹어 먹으며 얼마간 좀 살고 싶거든요. 이야기의 장점이요, 누구에게 쥐여준다고 사라지지 않는다는 거에요. 말할수록 그저 선명해진답니다. 매일매일 여러분을 구원하는 것, 여러분이 가장 사랑하는 것, 지치지 않고 오늘을 발명할 수 있게 하는 것. 그것이 금주의 주제입니다. 그럼 안녕!

치어리더,
양다솔 드림

[이주의 글감 · 우리 집]

그 지붕 아래에서

저는 누군가에 대해서 알고 싶을 때 그의 어린 시절을 묻고는 합니다. 이를테면 초등학생 때 어떤 학생이었는지, 장래 희망은 무엇이었는지, 중고등학생 때 친구들과 어떤 추억이 있는지, 부모님은 어떤 분이시고 관계는 어떤지 같은 것들요. 그럼 상대는 '갑자기 인터뷰하냐' '호구조사 하냐' 하며 당혹스러운 웃음을 짓고 떠듬떠듬 답을 이어가는데요. 저는 아랑곳 않고 답을 기다립니다. 그로부터 그 사람을 이해할 수 있는 핵심 힌트를 얻을 수 있다고 생각하기 때문인데요. 언젠가 제 질문 세례에 대답을 꺼리던 한 친구가 이렇게 말했습니다. "넌 왜 이렇게 과거에 집착해?"

지나간 이야기가 아니라, 지금 보이는 모습으로 자신을 판단해달라는 말이었죠. 저는 현재의 그 사람이 한 명의 생생한 인물이라면, 그가 살아온 과거는 그의 주변을 이루는 배경과도 같은 것이라고 생각했습니다. 둘은 떼려야 뗄 수 없는 것이었죠. 지금의 모습으로도 그 사람을 알 수 있지만, 그것은 배경을 모르는 채라면 얼마든지 다르게 해석될 수 있었습니다. 어떤 존재든 그 배경으로부터 맥락이 형성되니까요. 하지만 생각지도 못한 그 친구의 반문에 저는 말문이 막혀버렸습니다. 그 한마디가 오랫동안 뇌리를 떠나지 않았습니다. 그 말에 무어라 반박하기가 어려웠거든요. 스스로에게 물었습니다. 나는 과거에 집착하느라 현재를 보고 있지 않았던 걸까? 그러고 보니 지금까지 글을 써온 것들도 모두 과거의 이야기였습니다. 나는 모든 것을 과거에서 찾고 있었습니다. 지금의 순간을 떠나보내면서요. 의문이 생기기 시작했습니다. 지금까지 나는 지나가버린, 의미 없는, 빛바랜 과거에 과대한 의미를 부여하며 현재를 왜곡하고 있었던 걸까.

그때 우연히 마주쳤던 페소아의 문장이 저를 살려주었습니다.

> 행동하는 인간은 자기도 모르게 사고하는 인간에게 종속된다.
>
> 모든 일들의 가치는 해석에 달려 있기 때문이다.
>
> 어떤 이들은 무언가 만들어내지만, 거기에 의미를 부여해 생명을 불어넣는 것은 다른 사람들이다. 사는 것은 살아지는 것일 뿐, 무엇에 대해 말하는 것이 그것을 창조하는 것이다.
>
> _ 페르난두 페소아, 《불안의 책》, 봄날의책, 163쪽.

    이 문장은 무겁게 내려앉은 제 마음의 먼지를 팡팡 털어주는 듯했습니다. 너무나 명료해서 마음이 깨끗해졌습니다. '계속 쓰는 이유가 이것 말고 더 필요할까?' 생각했습니다. 과거에 대해 질문하는 것은 삶을 대하는 태도라고 페소아는 말하고 있었습니다. 지금 이 순간에도 시간은 흘러가고, 그것은 우리가 인식하고 있든 그렇지 않든 마찬가지라는 것을 그는 알고 있었지요. 손가락 사이로 무상하게 빠져나가는 세월을, 그 순간이라는 것을 잡아 내 것으로 만들 수 있는 것은 어쩌면 나였습니다. 그것이 제가 사는 방식이었던 것이지요. 그것을 집착이라고 부른다면 저는 이제 기쁘게 고개를 끄덕일 수 있습니다.

    과거는 끝없이 거슬러 올라갑니다. 나의 어제, 나의 청소년기, 나의 어린 시절, 그리고 나의 엄마와 아빠의 청년기,

그들의 어린시절, 그리고 그들의 할머니 할아버지…, 수렵 채집인, 오스트렐라 피테쿠스, 멍게와 공룡…. 누군가가 아주 까마득한 옛날부터 나와 언뜻 닮은 모습으로 이 세상에 있었다는 것을 알고 쓸 때마다 기분이 묘해졌습니다. 어쩌면 나라는 것이 어느 날 뽕 하고 생긴 것이 아니라, 아주 먼 옛날부터 천천히 흘러왔던 것은 아닐까 생각하게 됐습니다. 나라는 존재가 지금에 있기까지 말로 할 수 없이 길고 우연한 기적이 겹겹이 존재했다는 것은 믿기 어려웠습니다. 그런 것들은 내가 되짚어보지 않으면, 상상해보지 않으면 마치 없는 것 같기도 했습니다. 지금은 계속해서 형형하게 나를 덮쳐왔습니다.

    나의 과거란, 타인보다도 머나먼 세계 같다고 생각하곤 합니다. 기억이 잘 안 나요. 완전히 잘못 알고 있기도 하고요. 이랬던 것 같기도 하고 저랬던 것 같기도 합니다. 왜곡과 과장과 편집으로 뒤죽박죽 난장판입니다. 그 기억이 꿈이었는지 현실이었는지조차 지금은 확인할 수 없어요. 그렇다면 소중한 기억일수록, 나라는 이 알 수 없는 생명체에게 맡기는 것은 몹시 위험한 일이라고 생각했습니다. 기억의 튼튼한 외장하드, 기록이라는 글쓰기의 참 의미를 되새겨보고는 합니다. 가장 행복했던 기억도 끔찍했던 기억도 모두 글이라는 것에 옮기고 나면 마음이 가벼워졌습니다. 과거의 무거운 짐과 남은 마음들이 사라지고 지금의 나만 오롯이 남은 듯한 기분이 되었습니다. 그러니까 나는 오히려 과거에 집착하지 않기 위해, 그곳에서 편안하게 떠나기 위해, 그래서 가벼운 몸과 마음으로 현재에 오기 위해 쓰고 있는지도 몰랐어요.

그런고로 이번 주에는 '즐거운 우리 집'에 대해 써보겠습니다. 내가 나고 자란 배경을 독자에게 활짝 열어보는 것이죠. 가족의 형태가 집집마다 이렇게까지 다양할 수 있다는 것을 저는 크고 나서야 알았습니다. 제가 겪은 가족이 가장 정상적이고 보편적일 거라고 생각했거든요. '다들 이렇게 살지 않았어?' 저는 그렇게 생각했습니다. 그런데 1만 명의 사람이 있으면 1만 가지의 가족이 있더라고요. 정말 그렇습니다. 여러분은 여러분의 가족 안에서, 여러분의 집 안에서 자라나 지금으로 온 존재이지요. 아마도 그 시절의 기억은 여러분과 닮았으면서도 닮지 않았을 것입니다. 닮고 또 닮지 않은 지금의 나와 그때의 나를 즐거운 마음으로 바라보며 써보셨으면 좋겠습니다.

여기… 또 하나의 가족이 있습니다. 《아무튼, 떡볶이》 속 〈단란한 기쁨〉이라는 글이에요. 저는 이 이야기를 읽고 요조 님의 가족은 재래시장 앞에서 뿔뿔이 흩어졌다고 합니다.

각자 좋아하는 메뉴를 먹기 위해서요. 어린 요조 님은 가장 좋아하는 떡볶이집으로 뚜벅뚜벅 향했고 가족들도 각자 좋아하는 음식을 배불리 먹은 뒤 다시 모여 집으로 향했대요. '와, 이런 가족도 있구나.' 모름지기 가족은 겸상하는 몸이고 메뉴는 아빠가 정하는 거라 배웠던 저에게는 충격이었습니다. '왜 이런 생각을 못했지? 모두가 조금씩 더 행복하잖아.' 저는 더 많은 가족의 이야기가 궁금해졌습니다. 그리고 요조 님을 조금 더 이해하게 됐습니다. 왜 그녀의 글은 이토록 다정하고 고우며 편안할까요. 남의 가족 얘기는 왜 이렇게 재밌을까요? 저는 여러분의 지붕 아래서는 어떤 일이 일어났는지 궁금해요. 우리는 어머니의 자궁에서 태어나… '우리 집'에서 크니까요! 혹은 쓰고 싶은 무엇이든 쓰세요. 무슨 이야기든 정말 하고 싶은 이야기라면 환영입니다.

    잘 쓰거나 재밌게 쓰려고 너무 애쓰지 마시고, 그냥 한 번 써봅시다. 그럼 다음 주에 뵙겠습니다.

우리 집에서,
양다솔 드림

(추신)

어릴 땐 모든 집이 이렇게 사는 줄 알았는데
크고 나서 보니 우리 집만 그런 거였네, 하고 알게 된
우리 집만의 전통이 있나요?

(이 주의 글감 · 당신의 유산)

할머니는 MP3다

저는 이 편지를 늘 밤에 의존해 씁니다. 하루 일과를 모두 마친 고요한 새벽, 이 세상에 나 혼자만 남은 것 같은 이 시간에 편지 쓰기만큼 좋은 일은 없거든요. 편지를 쓰기 전에 저는 항상 음악을 고릅니다. 적막은 음악을 위한 더할 나위 없이 좋은 무대죠. 지금은 어떤 음악을 들으며 이 편지를 쓰고 있을까요? (초여름의 풀벌레 소리입니다.)

저는 어릴 적부터 음악을 들을 시간이 차고 넘치는 청소년이었습니다. 학교도 다니지 않았고 공부에도 관심이 없었으며 친구도 없었으니, 남는 것은 시간뿐이었죠. "공부 안 하고 뭐하니!"라며 등짝을 내리치는 사람이 없었습니다. 열

다섯 살 때 할머니가 돌아가셨습니다. 장례식을 치르고 며칠 후 저에게 흰 봉투가 전해졌습니다. 엄마는 그걸 할머니가 저에게 남긴 "유산"이라고 말했어요. 봉투에는 15만 원이 담겨 있었습니다.

당시의 저에겐 거금이었습니다. 그 돈을 통장에 저금할까 아니면 그대로 서랍 깊이 묻어둘까 고민했습니다. 통장에 넣었다가는 다른 돈들과 섞여버릴 것 같았고, 깊이 넣어두었다간 잊어버릴 것 같았어요. 아니, 사실은 그 봉투를 받자마자 떠오르는 것이 있었습니다. 아이팟 클래식을 사는 거였어요. 에어팟 잘못 친 것 아니고요. 애플 사에서 옛날에 출시했던 뮤직 플레이어입니다. 음악이 유일한 친구였던 저에게는 꿈의 MP3였죠. 그때 말로 '뽀대 나는' 친구였습니다. 요즘도 수집가들 사이에서 높은 인기를 누리는 듯하네요. 한 손에 딱 들어오는 크기로, 제법 값이 나가는 기기였어요. 몇날 며칠 중고 사이트를 뒤져 딱 15만 원짜리 아이팟을 찾아냈습니다. 100기가바이트라는, 그때 당시로는 어마어마한 용량이었죠. 그걸 사면 365메가바이트라는 용량의 압박에서 벗어나 음악이라는 바다를 마음껏 헤엄칠 수 있을 것 같았습니다. 저는 흰 봉투를 들고 집을 나섰습니다.

거기에 노래를 무려 1만 곡을 채워 넣고서, 어디든 들고 다니며 랜덤 재생을 누르던 것이 저의 청소년 시절입니다. 그때부터 아이팟 클래식은 할머니가 주신 유산이 되었습니다. 물론 직접 주신 것은 아니지만요. 지금도 꽤나 힙한 유산이라고 생각합니다. 봉투를 보자마자 그것을 떠올린 것도 할머니의 뜻이라고 저는 생각합니다. 예, 할머니와 저와는 별다른 유대가 없었고요. 예, 서먹했습니다.

언제든 저에게 익숙한 듯 새로운 노래를 제안해주었던 그 단단한 검은 돌멩이에게 한 시절을 의탁했습니다. 덕분에 음악 깨나 듣고 살았습니다. 할머니에 대한 기억은 나날이 희미해지지만 그 MP3는 여전히 버리지 못하고 있어요. 이렇게 말해볼 수도 있을 것입니다. 할머니는 MP3다. MP3는 할머니다. 할머니는 음악이다. 음악은 할머니. 그 시절들을 지나, 저는 그때는 쳐다도 안 보던 클래식을 좋아하는 30대가 되었네요. 지금도 저는 휴먼스 터치를 좋아하여, 스튜디오에서 녹음된 노래보다는 연주자가 라이브로 치는 공연 실황을 선호합니다. 화면 너머로 그의 땀방울이 튀어나올 것처럼 열정으로 채운 연주를 듣자면 저도 열심히 손가락을 움직여야 할 것 같거든요. 뭔가 함께 열심이고 있다는 감각. 그것은 어쩐지 무언가를 할 수 있도록 슬쩍 등을 밀어주는 듯합니다. 우리도 보이지 않는 선으로 이어져 서로를 다음 문장으로 밀어주고 있겠지요?

　생각해보면 받은 것이 많은 삶입니다. 나를 천천히 살펴보다 보면, 누군가가 나에게 남기고 간 유산들로 가득합니다. 친구는 저에게 상냥함을 남기고 갔고, 애인은 저에 대한 사랑을 남기고 갔으며, 선생님은 끈기를 남기고 가셨어요. 엄마는 늘 주기적으로 글감을 남기고 가십니다. 셀 수 없이 많은 존재들이 남긴 유산이 지금의 제가 되었습니다. 세상은 나에게 한 사람으로 온전히 독립해야 한다고 말합니다. 각자도생의 사회이죠. 누군가에게 의존하고 기대는 것이 불건강한 것처럼 말해집니다. 그럴지도 모르지만, 저는 누군가는 일방적으로 주고 누군가는 일방적으로 받는 아주 건강한 관계도 존재한다고 생각합니다. 그리고 그때 의존하는 것은 받는 쪽보다 오히려 주는 쪽일지도 모른다고 생각하고요. 이 순간 저는 모든 들숨과 날숨을 함께 사는 고양이에게 의존하고 있습니다. 누군가에게는 제가 모든 면에서 고양이에게 봉사하는 것처럼 보일지도 모르지만, 저는 그들로 인해 삶을 연장하고 보장받습니다. 완벽히 의존하고 있고, 그래서 고양이들은 저를 구성하고 있습니다. 여러분이 의존하는, 여러분에게 남은 유산은 무엇이 있나요?

　금주 소개하는 작가는 호영, 왕성하게 활동하는 번역가

이자 작가입니다. 문장의 세공사인가 싶도록 한 문장 한 문장 세심하게 만지는 그의 책 《전부 취소》를 읽는 것만으로 포만감이 느껴지고 마음이 기분 좋게 안정됩니다. 특히 첫 편으로 등장하는 호박잎 이야기는 저로 하여금 받아본 적도 없는 할머니에 대한 사랑에 눈물이 날 것 같게 합니다. 그 뒤로 호영 작가가 어떤 언어들을 찾으며 살아왔는지 이어집니다. 그 두 가지를 나란히 보면, 할머니가 쪄주신 호박잎을 먹고 자란 누군가가 어디까지 자신으로 뻗어갈 수 있는지 바라보는 기분이 듭니다. 사랑은 정말 실체가 없을까요? 이렇게 남아서 이 사람을 이 사람으로 만들고 나아가게 하는데 말이죠…. 이 작가의 경우 이렇게 말해볼 수 있을 것입니다. 할머니는 호박잎이다. 호박잎은 할머니다. 호박잎 한 장 한 장이 지금의 지금의 작가를 한 가닥 한 가닥…. 저의 한 문장 한 문장도 여러분을 나아가게 하는 데 도움이 될까요? 과연, 우리의 사랑은 실체일지. 함께 확인해봅시다.

새벽 공기를 담아,
양다솔 드림

* 비밀쪽지

쓰기에 실패한 당신에게

문득 이런 고생을 사서 하고 있는 스스로가 놀라우시죠? 한 편의 완성된 글을 쓰는 것은 쉽지 않은 일이죠. 처음 해본 분도, 한동안 해왔던 분들도 공평하리만치 쉽지 않은 일일 겁니다. 한마디로 지옥 같았죠? 그런데 이 세상 어디나 지옥인데, 적어도 여기는 내가 선택한 지옥이라는 게 좋지 않습니까.

책을 내고 작가라고 불리는 저조차도 매번 빈 문서 앞에서 줄행랑을 치고 싶어집니다. 때로는 한 글자도 누군가 대신 써줄 수 없다는 것이 절망스럽게 느껴져요. 왜 이렇게 고독하고 지독한 일을 선택한 걸까 원망스럽습니다. 그나마 써둔 문장과 단어들이 너덜너덜하다 못해 꼴도 보기 싫을 때가 많아요. 책상에 고개를 처박고 모든 현실을 부정하고 싶어집니다. 하고 싶었던 모든 이야기가 합죽이가 된 듯이 입을 다물고 적막이 감돌지요. 책상이 문제일까, 의자가 문제일까. 그것도 아니면 타자기가, 스탠드가, 마우스가, 음악이, 집이, 몸이, 마음이 문제일까. 모든 것에 의문을 제기합니다. 나를 제외한 모든 것이 재밌고 빛나 보입니다. 내가 쓴 이야기가 아닌 다른 모든 이야기들, 유튜브와 책과 드라마와 영화의 모든 스토리가 신처럼 느껴집니다. 아름답고 완벽해보이지요. 나는 결코 저런 이야기를 쓸 수 없을 거야, 하는 생각이 들지요.

    어떤 일도 즐겁습니다, 화면 앞에 앉지 않을 수만 있다면요. 이보다 느릴 수 없게 정성스러운 한 상을 차리고, 땀을 뻘뻘 흘리며 손빨래를 하고, 집안 곳곳을 청소하고 고양이들을 빗겨줍니다. 갑자기 옷 정리를 시작하거나 낮잠을 자기도 하지요. 밤이 깊은 새벽이나 햇볕이 쨍한 낮이나 할 것 없이 밖으로 나가 정처 없이 걷기도 합니다. 무엇이든 저에게 말을 걸어주길 바라면서요. 누가 그 순간의 저를 본다면 정말 한가하구나 하고 생각할 거예요. 실제로 글쓸 것을 까맣게 잊은 사람처럼 걷고 있을 거거든요. 그 순간만큼은 저는 물가에 내놓은 아이처럼, 제가 원하는 것은 무엇이든 들어주고 싶은 사람이 됩니다. 가장 어렵고 두려운 일을 앞두고 있으니까요.

그러니까 저는 종종 제가 줄행랑을 치게 둡니다. 한바탕 신나게 놀고서 다시 자리에 앉고 싶을 때까지 가만히 기다려요. 글을 쓰고, 이야기를 짓는 일만큼 어려운 일이 있을까 싶습니다. 이렇게 재미있고 두렵고 잘하고 싶은 일은 없을 것 같아요. 그렇기에 다시 쓰는 것은 늘 용기가 필요합니다. 매주의 실패와 성공을 이기는 것은 또 다시 새로운 마음으로 쓰는 사람입니다. 잘 쓰게 되든 못 쓰게 되든요. 생각해보면, 삶의 중요한 일들은 모두 결코 누군가 대신해줄 수 없는 일들입니다. 누구도 진정한 의미에서 남을 대신해줄 수 없어요. 나를 구하는 것은 나이고, 마찬가지로 내 문장을 구하는 것도 나입니다. 그 엄청난 일을 해내는 스스로를 자랑스러워해주세요. 소중히 여겨주세요. 하고 싶은 일이 무엇이든 들어주세요.

가끔은 도망쳐도 괜찮습니다. 삶은 도망칠 수 없는 것들로 가득하잖아요. 때로 글만큼은 도망쳐도 괜찮지 않을까요? 아, 삶이 힘들어서 글로 도망쳐 오셨다고요. 그럼 잠시 다시 삶으로 도망치면…. 글은 언제든 여러분이 떠난 그 자리에서 미동도 않고 여러분을 기다리고 있을 것입니다. 물론 떠나는 마음이 가볍지만은 않을 거예요. 얼굴에 먹구름 낀 것 좀 보세요. 그 얼굴은 정말이지… 작가 같잖아요. 고개를 드세요! 글 같은 건 한 글자도 써본 적도 없는 사람의 얼굴을 해보시라고요. 며칠 동안은 소금처럼 깨끗하게 놀고 오세요. 계속된 전진을 위한 일보 후퇴, 먼 길을 가기 전에 잠시 드는 단잠이니까요.

이 지옥을 선택한 사람은 우리뿐이 아닌데요, 프란츠 카프카도 일원입니다. 이름이 우리보다 조금 더 길고, 사는 나라와 시대가 좀 다르긴 한데요. 그의 일기장을 한번 보세요. 《카프카의 일기》입니다. 성경 아니냐고요? 이 두꺼운 일기장에 빼곡히 이어지는 내용은 글을 쓰지 못하는 자신을 무진장 저주하는 내용밖에 없습니다. 100년을 넘어서도 살아 이어지는 이야기를 남긴 이 저명한 작가가 스스로에게 얼마나 가혹했는지 보세요. 정말 안쓰러우면서도, 대박 공감…. 카프카도 이렇게 힘들었는데 내가 글을 쉽게 써? 말이 안 된다 싶습니다.

그리고 생각하게 되죠. 카프카, 수필 안 써서 정말 다행이다. 카프카, 수필 안 봐도 별로다. 카프카조차 쓰는 글이 모두 다 좋을 수는 없구나. 있는 그대로의 카프카의 정신 상태는 숨 막힙니다. 하지만 소설을 쓰는 카프카는 정말 훌륭하죠. 단순히 글을 쓰는 것이 아니라, 나라는 사람과 주제와 글의 형태가 하모니처럼 맞아떨어져야 하는 부분이 있구나…. 글의 세계란 넓고 깊어서 계속 찾아나가고 실험해봐야겠구나 싶죠. 시와 소설, 동화와 수필, 희곡과 드라마를 넘나들면서요. 그리고 카프카도 이렇게 치열하게 써왔구나, 이토록 필사적으로 투쟁하듯 썼구나, 감동하게 됩니다. 여러분이 쓴 여느 일기와도 흡사하지 않나요? 우리의 동료, 우리의 치어리더, 카프카를 환영해주십시오.

이 일기는 곁에 두고 정기적으로 수혈하듯 읽어줘야 합니다. 글쓰기는 나만 어려운 것 같다는 생각에 자꾸 빠지게 되거든요. 이 일기를 읽고 나면 괜히 경건하게 책상에 고쳐 앉아보게 됩니다. 괜히 혼잣말을 중얼거리게 돼요. 카프카, 너는 지금 지옥에 있지만 곧 엄청난 글을 쓰게 될 거야. 한 세기 뒤에도 한국의 어떤 소녀가 네 일기를 읽고 감화될 정도로 말이야. 너도 참 피곤하게 산다. 오늘도 고생 많고. 난 오늘 놀 거야. 대신 너 따라서 딱 한 줄만 쓸게.

각자의 지옥에서, 건필승!
양다솔 드림

5부 ‡ 시절과 순간

자꾸만 돌아보게 되는 장면들

〔 이 주의 글감 · 자꾸만 돌아오는 시절 〕

삶의 표식

딱 10년이 걸렸습니다. 글방에서 첫 글을 쓰기 시작해서 직접 쓴 책을 처음 손에 쥐기까지요. 그동안에 단 한 번도 작가가 될 것이라고, 내가 쓴 글들을 모아 언젠가 책을 내게 될 거라고 생각하지 못했습니다. 사실 '글'씩이나 쓰고 있다고 생각하지도 않았어요. 소소한 취미라고 생각했습니다. 언제나 할 말이 있는 사람의, 늘 말이 많은 사람의, 보기만 해도 사람들이 귀를 막고 도망가는 사람의, 아주 적절한 취미라고 생각했어요. 모든 사람이 그렇게 자신에 대한 책 한 권을 냈으면 좋겠다고 생각합니다. 슬렁슬렁 산책처럼 쓰기 시작한 글이 생각보다 긴 산책이 되어버려서 완성되고 마는 책이요.

글은 말이나 행동으로 결코 다 보여줄 수 없는 면을 대변합니다. 자기소개란 죽는 날까지 쉬워지는 일이 없겠지만, 지금까지 했던 어떤 자기소개보다 완전하다고 생각했습니다.

'내 책'이라는 것이 생경하기도 했어요. 살다 보면 무슨 일을 하든 참 열심히 해야만 하잖아요. 쉬운 일이 하나 없죠. 그렇게 뼈 빠지게 성실하게 일해도 내 이름 석 자에 온전히 남는 것은 생각보다 없는 것 같아요. 그런데 글은 남더라고요. 처음부터 끝까지 내 힘으로 만들어낸, 오롯한 내 존재의 증명 같은 것이죠. 저는 10년 뒤 여러분의 미래를 다르게 만들고 싶어 등을 떠밀고 있고요. 그러니 여러분도 딱히 쓴다고 생각하지 마세요. 그냥 가벼운 러닝을 시작한다고 생각해보세요. 날씨도 좋으니까 오늘은 한번 뛰어볼까?

저는 살아온 날들이 쌓여간다고 생각하면서 살아왔거든요. 무수히 많은 선택과 순간들이 현재의 나를 만들었다고 생각했어요. 그런데 얼마 전에 친구가 와서 우리가 함께했던 추억들에 대해서 얘기하는데 글쎄, 금시초문인 겁니다. 그런 일이 있었다고? 그러니까 완전히 까맣게 잊어버렸어요. 어떤 시절이 통째로요. 그 친구가 마치 데이터 복원소처럼 그 장면의 구석구석을 다 말해주고 나서야 저는 떨떠름하게 고개를 끄덕였습니다. 어느 날은 사진첩을 보고 깜짝 놀랐어요. 내 머릿속에서는 이미 희미해져버린 기억이 그곳에 너무 선명한 사진으로 남아 있어서요. 그제서야 잠에서 깨어난 듯 나의 어제들이 기억났습니다. 내가 엊그제 저걸 먹었구나, 저걸 봤구나. 마치 겪어본 적 없는 일처럼 생경하게 그 화면을 더듬어보았습니다.

사람들을 만나면 저는 묻습니다. "요즘 사는 건 어때? 오늘 나 만나기 전에는 뭐 했어? 어제 점심은 뭐 먹었어?" 저에게는 안부 질문인데요, 많은 사람들이 적잖이 당황해요. '음, 그런 걸 왜 묻지? 어디다 쓰려고' 하는 표정입니다. 호기심으로 가득한 제 눈이 반짝이는 걸 보며 상대방은 그제서야 생각에 잠깁니다. 그리고 깨달아요. 바로 어제까지, 방금까지 내가 뭘 했었는지 까먹었다는 것을요. 때로 저는 심심할 때 이렇게 묻기도 해요. "가장 마음에 들었던 시절이 언제야? 돌아가고 싶은 때가 있어?" 그럼 그 질문을 받은 사람들은 정말 곤란한 얼굴이 됩니다. 그런 생각은 한 번도 해본 적이 없고, 사실은 지나온 시절들이 잘 기억나지 않는다고요.

저는 이런 질문을 해주는 사람들에게 고마워하며 살았던 것 같아요. 왜냐면 저 또한 그들이 묻기 전까지는 그걸 완전히 잊어버리고 살거든요. 스치듯 던져주는 가벼운 질문에 진지하게 대답을 고민하면서 저는 종종 멈추어 삶을 돌아봤던 것 같습니다. 그리고 알게 되는 것 같습니다. 물어봐주지 않으면 잊는구나. 말하지 않으면 잊는구나. 되돌아보지 않으면 잊는구나.

　이런 순간들에서 저는 문득문득 정말 순간이라는 게 쌓이는 걸까 생각하고는 합니다. 어쩌면 그저 지금이라는 것이 연속적으로 대체되는 것이 아닐까 궁금하기도 해요. 나라는 뇌는 정말 빠르게 기억해야 할 것과 아닌 것을 구분해버리고, 나는 어쩌면 나를 가득 채워주었던 여러 기억들을 벌써 다 잊은 건 아닐까 두려워집니다. 저는 온몸이 부동할 정도로 늙고 병든 미래가 온다면 평생 있었던 추억을 잘근잘근 씹어 먹으며 살고 싶거든요…. 제가 하고자 하는 이야기는 이겁니다. 글은 '뇌을 배반적인' 질문을 필수적으로 수반한다. 그러니까, 그저 살아갔다면 벌써 잊었을 기억들을 떠올리게 해준다는 것이죠. 지나간 순간들을 복기하고 붙잡고 재현하고, 그것에 주석을 달고 의미를 이어내고요. 그것이 자꾸만 지금으로 도망가려는 나를 입체적으로 만듭니다. 말이 좀 이상한데… 하여튼 쓰기 때문에 기억하게 된다는 것입니다. 기억은 전혀 그 자체로 쌓이지 않고요, 지금 쓰려고 앉아서 무진 애를 써서 떠올리기 때문에, 그렇기 때문에 살아 돌아오는 것이다.

어떤 시절엔 내가 완전히 다른 사람이기도 했을까요? 시절, 이 단어는 어쩐지 지나고 나서야 쓸 수 있는 단어 같아요. 역시 많은 것들이 지나고 나서야 이름을 붙일 수 있는가 봐요. 저는 옛날에 쓴 글들을 보면서 시절을 실감하고는 합니다. 글 속의 내가 마치 다른 사람처럼 느껴지고는 해요. 그때와 지금은 그저 시간의 다를 뿐인데도, 다시는 그런 이야기를 쓸 수 없다는 생각이 듭니다. 지나가서 아쉽고, 지나가서 다행이에요. 나는 나라는 몸을 벗어날 수 없지만, 다행히도 시간으로써 그것을 이렇게 천천히 놓아줄 수 있고, 몇몇 면들은 건져 올려 글로 써낼 수 있으니 다행인 일이 아니겠어요? 여러분은 어떤 시절을 지나고 계신가요. 분명히 지나갔는데도 자꾸만 돌아오는 시절이 있으신가요? 내 몸이 변화하는 것과 상관없이, 내 마음이 계속 머무르게 되는 시절이요. 그 시절에 이름을 붙여준다면 무엇이 될까요? 지금 당장은 알 수 없지만, 분명 지금 이 시절에만 쓸 수 있는 글이 있습니다. 언제든 지금 쓰는 것이 제철이죠.

  남들 신경쓰지 말고, 훗날 나를 위해 남기는 시절의 표석을 세워보세요. 너무나 진짜인 내용을 쓰고, 문장을 다듬으며 멀어져봅시다. 문장들 위에 오래 머무를수록 어쩐지 더 이상 내 이야기만은 아닌 것 같은 느낌이 들 거예요. 저는 오늘 정말 좋은 단어를 알게 되었는데요. '일모도원日暮途遠'입니다. 갈 길이 먼데 해가 저물고 있다, 는 뜻이에요. 아뿔싸! 한발 늦었다! 뭐 이런 말인데, 어쩐지 말하는 사람이 멋드러진 일몰을 보고 있는 것 같지 않나요? 제 인생을 한마디로 표현하자면 이 네 글자가 아닐까 싶을 정도로, 가슴을 치는 단어였습니다. 네, 지금 이 시절의 저는 제 인생을 일모도원이라고 하네요. 해가 저물기 전에 출발하세요! 안녕!

지는 해는 정말 아름답군요…
양다솔 드림

(추신)

여러분을 표현하는 사자성어가 있으신가요?

〔 이 주의 글감 · 내가 좋아하는 거짓말 〕

거짓말이 진짜입니다

"당신이 저에게 들려준 이야기 가운데 무엇이 진짜고
어떤 것이 가짜인가요?"

"친애하는 박사님, 그건 모두 진짜입니다…."

"거짓말도요?"

"특히 거짓말이 진짜입니다."

_ 개럭이 줄리언 바시르 박사와 나눈 대화, 〈스타 트렉: 딥스페이스 나인〉

가끔 어린 시절에 대한 꿈을 꿉니다. 가족들이 다 함께 살던 집이 생생하게 꿈에 나와요. 마치 그 공간이 정신에 그대로 박제되어 보존된 것처럼 저는 그 공간을 나풀나풀 돌아다닙니다. 아무도 없는 집을, 곧 엄마 아빠가 돌아올 집을 천천히 돌아다녀요. 막상 당시에는 꽤 외롭고 힘들었다고 생각했는데 돌아보면 그때가 가장 행복했나 봅니다. 그 시절의 제 일상은 참으로 예측 가능했습니다. 일요일 아침에 뭘 하고 있을지 알고 있었어요. 가족들과 배를 깔고 누워 〈신기한 TV 서프라이즈〉를 보는 일이지요. 그것은 우리 가족이 가장 기다리는 거짓말이었어요. 우리 세 가족은 짤막한 세 가지 이야기 중에 무엇이 진실이고 거짓인지 고르는 데 신나게 열을 올렸습니다.

그 프로그램은 매주 비슷한 무명 배우들이 출연해서 진짜라고 믿기엔 너무 이상한, 가짜라고 믿기엔 너무 현실적인 이야기를 짤막하게 재연해서 보여주곤 했는데요. 세트장이며 연기며 어느 모로 조금씩 엉성하고 조악해도 눈을 땡그랗게 뜨고 정답을 찾느라 불만 따위는 없었어요. (그때는 마냥 시청자였는데 지금 작가가 되어 그 프로그램의 제작진의 입장을 생각해보니 정말 아찔하네요!) 저는 정답을 잘 맞추지 못했던 것으로 기억합니다. 사실 뭐가 진짜인지 별로 안 궁금했던 것 같기도 해요. 그냥 제일 재밌는 걸 골랐습니다. 무엇이 거짓인지 밝혀지고 난 뒤에는, 진실이 진짜 진실인지

두 번 확인하지도 않았던 것 같습니다. 뭘 보고 그렇게 믿었을까요?

　세상이 거짓말로 가득하다는 것을 알았던 순간은 아빠 말이 틀렸다는 걸 알았던 순간 같아요. 저희 아빠는 폭풍 같은 언변의 소유자였는데요. 조금 더 옛날이었다면 전기수, 조금만 더 고상한 집안이었다면 글 쓰는 선비, 조금 더 늦게 태어났다면 힙합퍼가 됐을 것 같은 인물입니다. 애매한 시기에 태어나 기자를 하다가 학생운동에 휘말려 할 말 다 못하고 스님이 된 케이스입니다. 거짓말 같죠? 하여튼 아빠는 하고 싶은 말을 거의 저한테 한 것 같습니다. 아빠는 말이 너무 많고 잘난 체를 많이 해서 친구가 별로 없었거든요. 아빠는 밥 먹을 때마다 밥풀이 튀기도록 저한테 말을 해댔습니다. 여러분한테 조잘조잘 떠드는 저도 아빠 앞에서는 당할 수가 없었어요. 하여튼 아빠는 그날그날 하고 싶은 말들을 줄줄이 늘어놓곤 했는데요. 이건 이렇다 저건 저렇다, 이건 이렇게 해라 저건 저렇게 해라, 말말말이었는데, 지금 생각해보면 저 좋으라고 하셨던 말씀이 아닌 것도 같습니다. 얘기는 30분은 기본이고 40분, 1시간 동안 이어지기도 했는데요. 아빠가 특별히 권력이 있어서 들었던 것 같진 않고, 재밌었습니다. 아빠는 정말 재밌었어요. 아마 아빠는 스님이 돼서 신자들한테 또 말말말 하려고 출가하신 게 아닐까 싶습니다.

하여튼 저는 아빠가 무슨 말을 하든 철석같이 믿었어요. 지금 생각해보면 줏대도 없나 싶게요. 재밌어서 그랬던 것 같아요. 근데 나가서 살다 보니까, 아빠 말이 틀렸다는 걸 알게 되는 일이 있었습니다. 아마 아빠가 이럴 때는 어떻게 조치를 취해야 한다라고 해서 그렇게 했는데 문제가 전혀 해결되지 않고 오히려 악화되는 걸 경험했을 때였던 것 같아요. 너무 큰 충격을 먹고 '내가 뭘 잘못한 거지?' 생각하다가 아빠 말이 다 맞지는 않다는 것을 알게 되고 큰 충격에 빠졌습니다. 제가 믿는 것을 다 한 번씩 의심해봐야겠다는 생각이 들 정도로 그의 말을 지침으로 삼고 있었거든요. 잘 생각해보니 문제는 방법이 아니라 아빠는 중년 남자이고 저는 어린 여자였다는 점이었습니다. 그러니까 그것은 거짓이라기보다 아빠의 진실 같은 것이었죠…. 당신에게 진실인 것이 나에게는 거짓이 될 수도 있다는 것을 처음 알았던 것 같습니다.

그의 진실이 나의 진실이 될 수는 없었지만, 그렇다고 나의 진실을 알게 되는 것은 아니었습니다. 거짓말을 걷어내고 나니, 텅 비어 있더라고요. 진실은 이제부터 찾아나가야 할 것이 되었습니다. 삶은 이것의 연속이었던 것 같습니다.

아, 이것도 아니구나. 이것도 아니구나…. 진실처럼 믿던 것도 어느 순간 거짓이 되어 있고, 진실과 거짓을 무 자르듯 분간할 수 없기도 했습니다. 그렇게 어느 순간에도 걷어낼 수 없는 순수한 진실을 찾으려 했던 이들이 다름 아닌 종교인이 겠죠? 아빠… 그래서 갔니?

누가 봐도 거짓말인 게 뻔한 사실을 모두가 진실처럼 믿는 것도 보고, 너무나 명확한 진실을 모두가 거짓처럼 대하는 것도 보았습니다. 무엇보다 놀라운 건, 인류가 무엇을 믿고 안 믿고가 생각보다 진실함에 달려 있지 않다는 것이었습니다. 역사상 가장 똑똑한 인류도, 고도화된 이성과 과학의 시대에도 사람은 맞는 말보다 믿고 싶은 말을 믿었습니다. 머리로 맞다고 생각하는 것보다 마음이 동하는 것을 믿는다는 것이죠. 〈신기한 TV 서프라이즈〉에서 거짓을 고르는 것보다 재밌는 것을 골랐던 저처럼요. 결국은 사람의 마음을 움직이고 믿음을 생겨나게 하는 것은 감정이라는 점이 참으로 재밌습니다.

한나 아렌트는 말했습니다. "나는 거짓말을 할 수 있으며, 할 수 없다면 나는 자유롭지 않다." 거짓말이 꼭 나쁜 것이 아니라는 것을 알았을 때, 어른이 되었음을 깨달았던 것 같습니다. 이제는 모두가 자신이 좋아하는 거짓말을 믿으며 산다고 생각해요. 어쩌면 진짜 순수한 진실은 하얀 거짓말에 담긴 것 같기도 합니다. 누구도 알아서는 안 되는, 각자의 '인생의 거짓말'도 있다고 생각합니다. 매주 비슷비슷한 반전 플롯으로 변주되는 드라마에 사람들이 열광하며 기다리는 것도, 모두가 끝내주는 거짓말에 속고 싶어 하는 것은 아닐까 생각합니다. 그러니 이번 주 주제는 '내가 좋아하는 거짓말'입니다.

그런데 누군가 진정으로 믿는다면 그것이 정말 거짓일까요? 내가 끝까지 그것이 진실임을 믿지 않았다면, 그게 거짓말이 될 수 있을까요? 거짓말은 생각할수록 아리송합니다. 여러분은 어떤 거짓말을 좋아하시나요? 가장 기억에 남는 거짓말이 있나요? 거짓말보다 더 거짓말 같은 진실이 있나요? 가장 완벽한 거짓말은 오히려 그게 진실일 때 일어나는 것 같기도 합니다. 하여튼 제 앞에서는 절대 거짓말 하지 마세요. 속는 건 이제 지긋지긋해요. 저는 절대 여러분을 안 믿을 거거든요!

다음 주 글방은 만우절,
양다솔 드림

[이 주의 글감 · 어린 시절]

어린 시절이라는 보물상자

 가장 먼저 어린 시절을 떠올려보라고 하고 싶습니다. 다행입니다. 지나갔으니까요. 아니, 지나갔나요? 당신은 몇 살입니까. 아니, 몇 살이라고 느끼십니까. 그 시절의 나와 지금의 나를 나란히 세워놓는다면 어떤가요. 누군가는 판박이라며 웃을지도 모르고, 완전히 다른 사람이라고 할 수도 있겠습니다. 상상해보곤 합니다. 어떤 얼굴이었을까. 뛰는 뒷모습은 어땠을까. 가장 활짝 웃는 순간은, 울음을 터뜨리는 순간은. 우리는 모두 그 시절을 지나왔습니다. 그래서 이야기할 수 있어요. 그러나 똑같은 시절을 보낸 사람은 단 한 사람도 없겠죠. 모두에게 있지만 각자에게 다르다, 좋은 글감이 아닐 수 없습니다. 자 그렇다면 아주 중요한 것을 말씀드리겠습니다. 어린 시절을 쓸 때는 반드시 솔직해야만 합니다. 어린 시절을 쓸 때 솔직하지 않기까지 하면, 정말 아무것도 쓰이지 않는 것이나 다름 없거든요. 어린 시절을 쓰는 것이 재미있는 세 가지 이유를 알려드릴게요.

첫째, 우리는 모든 것을 다 기억하지 못한다. 당신의 어린 시절에 대해 모든 사실을 낱낱이 고하려 해도 불가능합니다. 당신은 당신의 뇌와 마음과 몸이 저장하는 몇 가지 순간을 겨우 붙들고 있을 뿐입니다. 기억은 망각이라는 바다에 떠 있는 작은 뗏목과 같이 작고 미약하며 극히 일부입니다. 이미 선별된 기억입니다. 알 수 없는 어떤 이유로 그 순간만을 남기게 됐지요. 그 이유를 알 것 같기도 하고, 영영 모를 수도 있습니다. 이것에서부터 이미 진정으로 솔직한 고백이 불가합니다. 망각이라는 고맙고도 야속한 우리의 친구 때문이죠. 우리가 할 수 있는 일은 '그나마 기억하는 것을 쓰는 일'에 있습니다. 내리는 비를 그대로 맞듯이요. 쓰면서 무언가를 기억하는 것보다 무언가를 잊고 있다는 사실을 알게 됩니다. 빛을 쓰면서 그보다 더 짙은 그림자를 봅니다. 이제는 그 기억에 입장할 수 있는 사람이 없으며, 이제는 나마저도 이곳에 다시 올 수 없을 거라는 사실을 깨닫게 됩니다. 한 시절이 온전히 어둠 속으로 사라집니다. 우리는 어쩌면 그 문을 영영 열지 않습니다. 그 문이 있었다는 것도 잊습니다. 마치 어렸던 일이 없었던 듯이.

둘째, 우리는 내 마음대로 기억한다. 당신은 기억한 대로 모든 것을 솔직하게 적습니다. 하지만 그것이 전부라고, 있는 그대로의 사실이라고 할 증거가 있을까요. 높은 확률로 없을 것입니다. 사진도 없고, 영상도 없고, 나아가 살던 마을이 통째로 사라졌을 수도 있죠. 그 사건의 목격자가 있다면 물어보세요. 어쩌면 기억했던 것과 전혀 다른 이야기를 들을 수도 있습니다. 우리는 지금 이 순간마저도 내 마음대로 기억합니다. '나'라는 사람이 어떤 기분과 상태에 있느냐에 따라 기억은 다르게 저장됩니다. 어떤 사람이 웃고, 어떤 사람이 울고 그 둘이 한 공간에 있다면 그 순간은 완전히 다른 기억이 되듯이요. 나라는 사람은 객관적인 기억 저장 장치가 아닙니다. 어떤 잔상은 분명한데, 가장 핵심적인 부분이 통째로 날아갔을 수도 있고요. 절반은 사실이고 절반은 꿈으로 기억하고 있을 수도 있습니다. 시간이 지나며 그것을 잊고, 재조립하고, 다른 이미지를 마구 덧입히고, 구멍을 기우고,

꿈과 뒤섞습니다. 여러분, 소설을 쓸 필요가 없습니다. 여러분이 기억하는 바로 그것이 이미 사실이 아닙니다.

셋째, 나의 언어는 그것을 포착하지 못한다. 여러분이 어떤 기억도 망각하지 않는다고 합시다. 로봇 뺨치는 객관적 저장 장치라고 해보자고요. 그리고 온전히 사실을 적시했다고 해봅시다. 이렇게까지 했는데 안 믿어주면 정말 섭섭해, 할 정도로요. 다 썼으면 한번 읽어보세요. 있는 그대로를 적으려고 했던 여러분의 문장은 보기 좋게 미끄러져 있을 것입니다. '어떻게 저 건물이 서 있는 거지?' 싶을 정도로 비스듬히, 아슬아슬 하게, 차라리 사실이 아니라고 믿고 싶게 서 있을 것입니다. 내 머릿속에서 지독히 생생한 그 순간을 온전히 포착하기엔 나의 문장의 그물이 너무도 성글고 성급하고 부실하구나. 사건을 명확히 기억한다 해도 문장을 단련하지 않으면 충분히 옮길 수 없구나. 그래서 순간들은 어디에도 잡히지 않고 그저 그것의 향기만 조금 나는 무언가가 됐구나. 그렇지만 너무 상심하지 마세요. 새우깡도 새우 향 3퍼센트입니다. 제 친구 새우 알러지 있는데 새우깡 잘 먹어요. 저는 새우도 좋고 새우깡도 좋고, 새우 향도 좋고. 문학은 '멋지게 미끄러짐'이니까요. 다시 말하지만 소설을 쓸 필요가 없습니다. 이미 사실을 쓰고 있지 않으니까요.

그래서 우리는 쓸수록 금방 깨닫게 됩니다. 내가 기억하는 모든 것을 총동원해 적는 이것은, 그러니까 이 글은, 내가 기억하는 이 시절과 엄연히 유별하구나. 그 순간으로 나는 무언가 새로운 것을 해보려 하는구나. 그 순간을 재료로 나는 전에 없던 것을 만들고 있구나. 뇌로부터의 망각, 나라는 존재의 왜곡, 손의 미끄러짐으로 우리는 그 시절과 닮았지만 전혀 닮지 않은 새로운 것을 만나게 됩니다.

자! 그러므로 열심히, 되는 대로 솔직히 적어보려 하십시오. 말씀드렸던 것처럼, 솔직하기까지 않으면 맥없는 글을 마주하게 될 것입니다. 바다 한가운데 떠 있는 뗏목 하나에 의지해서 방향도 알 수 없는 곳으로 노를 젓기 시작하듯 여기에 있는 나에게로, 아주 그냥 내 마음대로 길을 내어봅시다. 그 기억을 내가 어떻게 말하느냐에 따라, 그게 사실이 될지도 모릅니다. 여러분의 인생을 쓰는 역사가는 여러분 자신이니까요. 이게 소설이 아니고 마법이 아니면 무엇입니까?

"어린 시절은 관처럼 좁고 길어서, 누구도 혼자 힘으로는 거기서 나갈 수 없다." 토베 디틀레우센의 코펜하겐 삼부작, 그 첫 번째인 《어린 시절》의 문장입니다. 토베는 여성 작가이며, 공장 노동자 아버지와 주부 어머니 아래서 자라 오랫동안 사무 보조와 비서를 오가다 글을 쓰게 된 덴마크 작가입니데요. 그는 시와 소설을 쓰다 생의 막바지에 이르러 이 자전적 소설이자 수필인 코펜하겐 삼부작을 내놓습니다. 오래 단련한 탄탄한 근육으로 뗏목을 젓기 시작했다고 할 수 있지요. 아마도 그가 어린 시절에 대해 기록하기 시작한 것은 이 책을 쓰기보다 훨씬 오래전이었겠지만요.

    길지도 짧지도 않은 그의 글 한 꼭지를 읽고 나면, 이 사람 주변에 존재하는 풍경이 한눈에 보이는 느낌이 듭니다. 누군가의 어린 시절을 이런 방식으로 보는 것이 얼마나 흥미로운지, 한 사람은 어쩜 이토록 세상과 연결되고 마는지 느끼게 됩니다. 북유럽이라 하면 꿈에나 그리는 곳인데, 토베의 어린 시절은 왜 이다지도 내 이야기만 같을까요? 정말 신기합니다. 이 책 속에서 토베의 솔직함은 세 살 아이가 봐도 알 수 있을 정도로 분명합니다. 솔직하게 적은 글은 오히려 작가라는 한 인물에 집중하게 하지 않고, 그 작가가 그리고 있는 세계로 눈을 돌리게 합니다. 독자는 느낄 수밖에 없습니다. 이 글은 '절대로' 지어낼 수 없다. 경험이 뭐가 그리 중요하냐고 하지만, 눈에 안광이 있고 없는 것을 보자마자 알 수 있듯이, 자신의 이야기는 다른 빛을 띱니다. 여러분의 어떤 시절도 분명 그런 빛을 지닐 거예요. 그러니 한 번을 쓰더라도 솔직하게 쓰세요. 오늘이 처음이자 마지막 글이라 생각하고 내 이야기를 쓰세요.

어린 시절은 오롯이 나만 떠날 수 있는 유일한 여행지라는 생각이 듭니다. 그러니 이번엔 아주 먼 곳까지 다녀와 보세요. 다녀와서 무엇을 보았는지 하나도 빠짐없이 말해주세요. 금방 올 수 없다면 그 시절의 사진 한 장을 부탁합니다.

세 살 버릇 다 까먹은,
양다솔 드림

(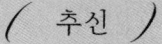)

기억에 남는 어릴 적 일화가 있나요?
나는 모르는데 주변 사람들이 알려주는 기억들은요?
"나는 어떤 애였어?" 묻고 들은 대로 적어봅시다.

[이 주의 글감 · 나는 모든 것이 좋고 내가 싫었다]

일인분만큼의 정직

이제 와서 고백하자면, 가끔 제 책을 보며 조금 창피한 기분이 듭니다. '아니, 이효리가 되고 싶다고 왜 저렇게까지 울부짖은 거지. 사람들이 내가 지드래곤이면 사족을 못쓴다고 생각하면 어쩌지. 엄마한테 받은 돈은 왜 이렇게까지 정확하게 썼을까….' 그러면서 굉장한 중요한 사실을 다시금 새기게 됩니다. 그 순간의 나는 저 이야기 속에만 남아 있다는 사실을요. 지금의 나는 그 세계로부터 아주 멀리 떠나왔습니다. 그래서 기실 부끄럽냐고 묻냐면 그렇지 않아요. 왜냐면 그건 '진실'이거든요.

누군가 내 말을 믿지 않을때, 우리는 "진짜야"라고 말합니다. 그 사람이 어떻게 생각하든 그게 사실이라면 목에 힘을 주어 말할 수 있습니다. 내가 본 대로, 들은 대로, 겪은 대로 말한다는 것. 꾸며내거나 변형시키지 않은 그대로의 진실을 말하고 있다는 것은 표현할 수 없이 깨끗한 힘을 줍니다. 낯이 붉어질 정도로 부끄러운 것이라 할지라도 털어놓을 수 있는 힘을 줍니다. 진짜 있었던 일이기 때문이지요. 그 일이 정말 있었다는 그럴듯한 증거나 조건들을 덧붙여야 한다는 생각조차 들지 않습니다. 그리고 독자 또한 그것을 알아보는 것 같아요. 정말 겪은 것이 아니고서야 쓸 수 없는, '지극히 사실적인' 문장들을 말이죠. 깨끗한 고백에 가까운 그 문장들이 없었다면 과연 제 글이 무슨 의미를 가졌을까 하고 되돌아보게 됩니다.

　진짜를 쓰는 것이 힘이 세고, 차라리 쉽다는 것을 알기란 어렵지 않습니다. 지금 당장 나에 대한 세 가지 문장을 써본다고 합시다. 그 중 두 가지는 사실을, 한 가지는 거짓말을 쓰는 거예요. 아마 진짜인 두 가지를 떠올리는 별로 어렵지 않을 겁니다. 그런데 한 가지 거짓말은 생각보다 쓰기 어려울 거예요. 그것이 진실임을 증명하기 위해 자꾸만 무언가 덧붙이고 싶어질 겁니다. 주변 사람들에게 보여주고 거짓말이 무엇인지 맞춰보라고 해보세요. 아마 사람들을 속이는 것이 쉽지 않다는 것을 알게 되실 겁니다. 진실은 그런 종류의 힘을 갖고 있어요.

"어떻게 솔직하게 쓸 수 있나요?"라는 질문을 자주 받습니다. 답은 간단합니다. 모든 글은 솔직해야'만' 합니다. 그 질문은 "목욕탕에서 어떻게 옷을 벗나요?"라는 질문과 비슷합니다. 목욕탕에 가려면 옷을 벗어야만 하듯이, 글에서는 모두가 솔직해야 합니다. 독자는 그것이 무슨 이야기든, 그것이 진짜라고 믿으며 읽습니다. 작가와 독자 사이에 모종의 합의 같은 것이죠. 소설은 어떻냐고요? 세상에 없는 이야기를 쓰는 작가도, 자신이 진짜를 쓴다고 말할 것입니다. 소설 속에 존재하는 그 세계 속의 진짜를요. 허구의 세계에서 진정으로 믿는 무언가를 만들어내기까지는 많은 공이 들겠지요. 작가 본인이 그것을 진짜라고 믿게 된 순간부터 글이 쓰이기 시작할 것입니다.

"여보게, 지기. 세상에 진실이랄 것이 어디 있는가." 이렇게 말하고 싶을 수도 있죠. 맞습니다. 살다 보면 진실이란 그저 누군가의 입장일 뿐일 때가 많죠. 수필같은 논픽션은 물론이며, 우리 모두가 진실이라 믿으며 교육받는 역사 마저도 때로는 누군가의 입장일 뿐입니다. 진실이라는 것은 갈수록 미궁이지요. 누구나 수긍할 수 있는 진리에 가까운 진실이란 영원히 찾을 수 없을지 모릅니다. 찾는다고 해도 그것이 과연 그대로 멈춰있을까요? 심지어 한 가지 사안에 대해 어제의 진실과 내일의 진실이 달라지곤 하는데 말이죠. 이를테면 어제의 나는 아이스크림을 좋아했지만, 오늘의 나는 아이스크림을 보기만 해도 끔찍할 수 있는 것이 진실입니다. 하지만 내 세계 안에서 지금 이 순간의 진실은 언제나 존재하기 마련이지요. 하지만 그래서 더욱 소중한 것 같아요. 지금 이 순간의 진실은 다시 찾아오지 않을 수도 있기 때문이죠.

여러분은 글에 어느 정도 솔직하신가요. 이야기를 위해서 한 몸 바치고 계신가요. 진정으로 시인하고 계신가요. 진실에 가깝나요. 이렇게까지 낱낱이 고해도 되나 싶을 정도로 구석구석 훤한, 그 순간의 감정과 표정, 가격과 이름, 대사와 생각이 그 이야기에 진정성을 부여합니다. 이렇게까지 자신을 내려놓고 솔직한 이야기라면 믿어봐도 되겠다는, 독자의 믿음을 얻습니다. 여러분의 글 속에 그 일이 진짜로 일어났던 일인지 아닌지는 사실 누구도 알 수 없습니다. 그것을 믿게 만드는 것은 오롯이 여러분의 몫입니다. 독자는 귀한 이야기를 내어놓는 화자에게 마음을 여니까요.

진짜의 가치는 글의 종류를 가리지 않습니다. 내가 온전히 보고 느끼고 믿는 것을 진실하게 쓰는 것이죠. 진짜라는 것은 태도일지도 모릅니다. 내가 그 순간 그 사람을 죽이고 싶었다면, 글에도 그렇게 써야 합니다. 사람들이 이걸 읽으면 날 이상한 사람으로 생각하지 않을까 하고, 그걸 다른 단어로 대체한다면 진실은 외딴곳에 남겨지게 됩니다. 그 순간 이야기 전체가 진실도 거짓도 아닌 곳에 붕 떠 있게 됩니다.

'여기까지는 말하지 않아도 되지 않을까, 별로 중요한 이야기가 아니니까' 하고 생각하는 바로 그 이야기를 써주세요. 중요한 이야기가 아닌 그 부분이, 오히려 가장 재미있는 부분일 수도 있습니다. 진실만이 가질 수 있는 디테일을 놓치지 말아주세요. 재미있고, 슬프고, 의미있고, 감동적이고, 이상하기 이전에 진실하기를 바랍니다. 독자인 언제나 당신이 진실을 이야기하고 있다고 믿고 있으니까요.

여러분은 어떤 이야기를 하는 사람이고 싶나요. 또 어떤 이야기를 할 수 있나요. 다른 사람들은 도저히 따라할 수 없는, 나만의 이야기는 무엇일까요. 왜 세상은 그 이야기를 알아야 할까요. 어떤 마음으로 주저앉아 이 어려운 사투를 시작했는지 다시금 생각해봐도 좋을 것 같습니다. 이야기가 넘쳐나는 이 세상에서 나는 왜 말하려고 할까. 왜 이 시간이 나에게 유의미한 것일까 하고요.

저는 수필을 쓰며 나의 이야기를 쓰는 것에 대한 무의

미함에 종종 빠지곤 합니다. 왜 중요한가. 이 하찮고 사소하고 시시콜콜한 일을 세상의 바쁜 사람들이 왜 알아야 하나. 누가 왜 내 글을 읽어야 하나 하는 질문에 여전히 답을 구하고 있습니다. 그런데 꼭 읽어야 하는 수필이 있다면 바로 이 수필이 아닐까 합니다. 최현숙 작가의 《두려움은 소문일 뿐이다》입니다. 작가는 저희 엄마와 나이가 거의 같아, 엄마가 글을 쓰는 사람이었다면 무얼 썼을까 상상하게 합니다. 엄마에게 최현숙 작가와 같은 단련된 언어가 있었다면 어땠을까, 생각하게 돼요.

작가는 책에서 자신의 도벽을 고백합니다. 어린 소녀처럼 떨면서도, 냉철한 눈과 노련한 손으로 자신을 둘러싼 세계를 첨예하게 그려냅니다. 그는 가지 않았던 길을 갔고, 수많은 사람들이 그가 낸 길을 따라 스스로를 용서하는 길에 다다랐을 것입니다. 그가 그리는 시대와 인물상은 예리한 칼로 노련하게 베어낸 세상의 단면 같습니다. 그가 왜 그 이야기를 지금 이 시점에 써야 했는지 고개를 끄덕이게 됩니다.

아마 여러분도 정말이지 이해할 수 없는, 인정할 수 없는 나의 순간을 목격하신 적이 있겠지요. 있었을 겁니다. 기억 저편에 있을지라도요. 그것은 목격이라는 단어가 어울릴 겁니다. 나 또한 나를 그저 목도했을 테니까요. 자신의 가장 깊은 치부를, 치명적인 약점을 고백하는 것이 어떻게 숭고해질 수 있을까요. 왜 그것이 멀리 있는 전혀 상관없는 독자인 나에게 나를 껴안을 힘이 되어주는 것일까요.

최현숙은 오랜 시간 끝에 그 장면을 마주할 용기를 내며 이렇게 말합니다. "내가 할 수 있는 최선은 내 경험을 최대한 상세하게 기억해내고, 그 기억과 해석을 차갑고 건조하고 진솔하게 기록하는 것이다." 저는 이것이 여러분의 빈 문서를 향한 여정에 꼭 들고 가야 할 문장이라고 생각합니다. 긴 여행에 챙겨가는 연잎밥처럼 이 문장이 여러분을 도와줄 거예요. 작가는 스스로를 옹호하지도, 변호하지도, 연민하지도 않으며 그저 모든 것을 묵묵히 명명합니다. 그리고 그것은 그 스스로를 가장 존중하는 방법으로 보입니다. 이 글은 이미 저에게 너무나 필요한 글이 되어버렸지만, 그 전에 누구보다도 작가 본인에게 그러할 것입니다. 누구도 아닌 스스로를 위해 그는 정직합니다. 삶에서 중요한 것은 누구도 아닌 나 스스로와의 관계라는 것을 아는 듯이요.

아직은 알 수 없는 나에 대한, 나에게 하는, 나를 위한 설명. 그것을 차갑고 건조하고 진솔하게 기록하는 것이 어쩌면 나를 위한 최고의 존중이자 이해가 될지 모릅니다. 너도 그저 인간이라는, 그 많은 존재들 속에서 흔들리고 물들고 분투하는 한 존재일 뿐이라는, 딱 일인분만큼의 존중. 나를 너무 사랑하지도 않고, 너무 혐오하지도 않으며 그저 들에 난 풀꽃 하나를 보듯이 써보는 것. 하늘에 뜬 조각구름처럼 그저 보인 대로 섬세히 그려보는 것. 이번 주제는 가장 이해할 수 없는 나, '나는 모든 것이 좋고 내가 싫었다'입니다.

    이번 주는 저도 여러분과 함께 열심히 여러 글을 써보려고 합니다. 다 같이 책상 위의 파이터가 되어 싸워요. 글 쓰는 것만큼 무섭고 잘하고 싶은 게 없어서 다른 일들이 다 쉽고 재밌어지는 마법을 경험해보세요. 글쓰기만 안 해도 세상 참 살 만하겠다고 생각하게 되실 거예요. 당장은 막막하지만, 눈 딱 감고 앉아서 열 문장만 써보세요. 빈익빈 문익문. 빈 문서는 빈 문서를 부르고 문장은 문장을 부르니까요. 어제 만난 동료들이 세상 어딘가에서 같은 글감으로 싸우고 있을 것을 생각하면 든든하지 않나요? 우리는 또 어떤 이야기를 만나게 될까요. 벌써 여러분의 글이 보고 싶어 어깨가 들썩입니다.

전장에서,
양다솔 드림

(이 주의 글감 · 당신의 한마디가 한 시절을 구했다)

언어의 우물을 채우자

글을 쓰는 사람이 되고부터 특히 살아가는 것이 씨를 뿌리는 것처럼 느껴지곤 합니다. 바라던 만큼 글을 수확하셨나요? 차곡차곡 쌓이고 스르륵 흘러가는 이 순간들 중에 싹을 틔우게 될 것은 무엇일까. 어떤 순간이 이야기로 자라날까. 궁금함을 참지 못하는 마음으로 책의 다음 장을 넘기듯, 하루하루를 살아가는 것 같습니다. 수확의 기쁨을 기원하며, 편지를 열어봅니다.

    인류가 발명한 가장 멋진 것이 언어라고 생각합니다. 언어는 보이지 않는 것이고, 그것을 그렇게 부르기로 약속하면서 힘이 생깁니다. 의자라고 부르기로 하면 그것은 의자가 되지만, 그 체계 밖에 있는 사람이 보기에 그것은 용도를 알 수 없는 기호일 뿐이죠. 작금의 시대는 보이는 것보다도 보이지 않는 것이 더 깊고 넓게 펼쳐져 있습니다. 촘촘하고 미세한, 셀 수 없이 무한한 사회적 합의를 통해 조직된 그 세계는 언어로 이루어져 있고, 때로 보이는 세계보다도 더 강력하게 삶을 지배합니다. 그 안에서 내 삶을 내 언어로 조직하는 것은 어떤 의미가 있을까요.

최초의 언어로 기록된 4만 년 전의 동굴 벽화는 꼭 이렇게 말하는 것 같습니다. "우리가 여기 있었노라." 존재는 사라져도 언어는 시공간을 넘어 우리에게 다가옵니다. 여전히 미스터리로 남은 페루의 나스카 지상화를 보며 그 아름다움과 동시에 '그때의 인간도 적잖이 심심했구나' 하는 동질감을 느껴요. 비가 오게 해달라는 간절한 마음으로 하늘이 볼 수 있을 만큼 웅장한 그림을 그렸으나, 끝내 그 기도는 응답받지 못함으로써 역설적으로 지금까지 보존되어 있습니다. 바람대로 비가 왔다면 지금의 우리가 발견하지는 못했겠지요. 응답받지 못한다는 것은 무엇일까, 하는 생각을 하게 됩니다. 하여튼 기원전 300년에도 자기 얘기를 하고 싶은 골 때리는 사람들이 존재했던 것 같아요.

저는 매주 도착하는 답장을 떠올리면서도 같은 생각을

합니다. 이토록 사적이고 구체적이고 생생한 기록 앞에서 누구도 우리가 여기 있었다는 것을 부정할 수 없겠다고요. 내가 진정으로 원하는 것을 찾지 못하면, 다른 사람이 원하는 것을 따라가게 된다는 말이 있죠. 내가 내 이야기를 하지 않으면 누군가 내 이야기를 대신합니다. 어떤 역사가가, 기자가, 사회학자가, 교수가 이토록 다른 우리를 하나로 묶어 단어로 만들어버리겠지요? 혹은 없었다고 규정할지도 모릅니다. 우리는 매시간 사라지고 있으니까요. '아' 다르고 '어' 다르다는 걸 이토록 잘 아는 사람들이, 그걸 그냥 놔둘 수는 없는 일입니다.

글을 쓰는 사람이 되면서 가장 갈증을 느꼈던 부분은 언어력이었습니다. 다룰 수 있는 언어가 넓고 다양할수록 힘이 세다는 말이죠. 글의 세계에서는 사용할 수 있는 어휘가 넓을수록 부자인 것이 맞습니다. 지금 내가 하고 싶은 바로 그 이야기에 적합한 단어를 쥐여주는 것, 애매한 단어로 뭉치지 않고 숨겨진 빛나는 단어를 찾아 쥐여주는 것이 글에서 힘입니다. 내가 마음속으로 품어왔던 감정을 어떤 작가가 너무나 아름답고 정확한 문장으로 써놓았을 때 우리는 '바로 이거야!' 하며 희열을 느끼죠. 매일 느끼는 익숙한 감정들도 낯설고 신선한 표현 방법으로 써내는 작가가 새로운 이야기를 주도합니다.

　마찬가지로 내가 쓴 글들을 몇 편만 읽어보아도, 내가 어떤 단어를 얼마나 사용하는 사람인지 금방 알 수 있습니다. 평소의 언어 습관, 사고 방식도 금방 들통납니다. 가용할 수 있는 언어의 폭이 별로 넓지 않다는 것은 물론입니다. 100개가 넘는 감정의 표현 중에 내가 실제로 편하고 자연스럽게 사용할 수 있는 감정은 20개가 채 안 된다고 느껴집니다. 듣고 읽고 이해하는 단어는 그보다 훨씬 더 많겠지만, 내가 지은 이야기에서 언제든 편하게 꺼내 쓸 수 있는 단어의 폭은 좁기만 합니다. 우물의 물이 말라 있다는 느낌이랄까요, 운신의 폭이 좁다고 할까요. 그때부터 눈여겨 보았던 것이 언어의 사용입니다. 자주 사용하는 단어가 있을 수는 있어도, 독자는 같은 단어를 여러 번 반복해서 마주할 때 피로함을 느낍니다. 같은 표현도 매번 다른 언어로 표현하는 작가들을 볼 때 깊은 내공을 느끼곤 합니다. 언어의 지형이 무척 넓고 깊다. 문장을 하나 떠 마셨을 뿐인데 깊은 산속 옹달샘 물을 마신 듯 신선하고 상쾌한 기분이 든다는 것이죠.

　그때부터 시를 열심히 읽기 시작했고, 책을 읽다가도 멋진 단어를 보면 꼭 동그라미를 치기 시작했습니다. 책을 다 읽고 나면 처음으로 다시 돌아가 동그라미 친 단어들을 옮겨 적습니다. 귀퉁이를 접어둔 문장들도 부지런히 필사하고요. 매번 느끼는 것이지만 한국어는 참으로 아름다운 언어입니다. 표현도 다양하고 세심하고 풍부합니다. 몰랐던 아름다운 단어들을 책 모퉁이를 돌 때마다 마주치곤 해요. 뛰어난 작가들을 보면 이야기에 따라 그에 맞는 단어들을 '채집'해서 사용한다는 것을 느끼게 됩니다. 예를 들어 바다에 대한 이야기라면 조금씩 물기가 어리고, 시원한 바람이 불고, 푸른 빛이 도는 단어들을 선택하는 것이죠. 그 책에 나온 좋은 단어들을 쭉 적고 나면 그 단어들이 그 책을 만들었다는 것이 눈에 보입니다. 오랫동안 작가의 단어장 속에 고이 간직되어 오다가, 이 이야기를 위해 꺼내진 보석들처럼 반짝입니다. 단어의 목록만 봐도 책의 내용이 전부 그려져요. 그럴 때 작가는 진정한 언어의 마술사같다는 생각을 합니다.

그저 감탄하고 존경하는 마음으로, 다시 책에 동그라미를 치고 메모장에 받아 적습니다. 조금이라도 몰랐던 단어라거나, 헷갈리는 단어는 사전에서 찾아 그 뜻을 적어두고 다시 새겨봅니다. 물론 그런다고 당장 다음 날 그걸 써먹지는 못할 수도 있습니다. 단어도 옷과 같아서 모든 단어가 나에게 어울리는 건 아닐 수도 있거든요. 그저 언젠가 그 단어를 사용할 이야기를 기다리며 옷장을 채워두는 것이죠. 분명한 것은 내가 더 많은 단어를 사용할 수 있을 때, 더 넓은 이야기를 다룰 수 있다는 것입니다.

　이번 주 주제는 '당신의 한마디가 한 시절을 구했다'입니다. 사람들은 모두 마음속에 품을 문장을 찾으며 사는 것 같습니다. 때로는 그것을 내가 쓰기도 하고, 누군가에게 받기도 합니다. 그것은 언젠가 받은 편지에, 전화 속에서 들린 목소리에, 노래 가사에, 영화 속 대사에, 책 속 문장에 있고는 합니다. 하루에도 수십 수백 가지 언어의 홍수 속에 있지만 그 사이에 마음을 꿰차는 문장을 만나기란 쉽지 않습니다. 그것이 남다르게 다가온다면, 그 느낌은 믿어봐도 좋습니다. 어떤 문장이 자꾸만 마음을 두드린다면 그것은 분명히 이유가 있습니다. '좋다'에서 끝나는 대신 '왜 좋을까?' 하고 조금 끈질기게 물어보세요.

　언젠가 세상이 다 끝난 것처럼 살던 시절이 있었습니다. 제 마음이 그랬어요. 스스로가 구제불능처럼 느껴졌고 인생은 좀처럼 나아질 것 같지 않았죠. 늘 지금 끝나도 좋다는 마음으로 살았고, 남은 힘으로는 저 스스로를 싫어하는 데 썼습니다. 그러던 어느 날 뒷짐을 지고 가벼운 산보를 나서던 비구니 스님이 저를 굽어보시더니 그러시더라고요. "그때는 안 돼. 나도 안 되더라." 그러더니 빙글 웃으며 말씀하셨어요. "마흔까지만 살아봐. 나도 마흔 되니까 좀 된다." 그 밝은 미소가 여전히 눈에 선합니다. "너는 참 밝다. 그건 귀한 거다. 어디 안 가." 그 순간 제 인생이 마흔까지 밝아지는 것 같은 느낌이 들었어요. 아마 스님은 지금 그런 말씀을 했다는 것조차 잊으셨을 겁니다. 정말이지 지나가듯 해주신 말이었거든요. 어쩔 수 없다는, 기다려보라는, 힘을 풀어보라는 그 말씀이 진리의 말씀보다도 크게 느껴졌습니다. 그 말이 아니었다면 저는 여전히 삶을 싫어했을지도 모릅니다. 저는 지금도 마흔을 기다리고 있어요.

그것이 기쁨의 문장이든 슬픔의 문장이든지 간에 기억되는 문장이란 그 시절을 묶어내는 것 같습니다. 시간이 흐른 뒤 그것이 더 이상 사실이 아니라고 해도, 논리적으로 맞지 않다고 해도 그 시절만큼은 그 문장 아래 살았던 마술적 힘을 가지는 것 같아요. 그 언어 덕분에 그 시절이 존재했었다는 것을 기억하게 되는 것 같습니다. 그것이 응답되지 않았다면 어쩌면 더욱 그 모습 그대로 보존되었을지 몰라요. 이번에 가져온 읽을거리는요, 제가 글 쓰는 책상 귀퉁이에 늘 놓아두는 책 중 하나인 대니 샤피로의 《계속 쓰기》라는 책입니다. 글 한번 써보겠다고 맨날 엉덩이를 들썩이는 사람들을 위한 책이라고 하니, 그야말로 우리를 위한 책이 아니겠습니까? 쓰는 고통은 전 세계 작가들에게 만국 공통어인지, 글쎄 단어 문장 음절마다 공감 철철 눈물 팡팡입니다. 한 번 쓰고 마는 사람들이 아닌, 천천히 나의 언어를 건설해가는 모두에게 동반자가 되어줄 글들이에요.

　우리도 단 한 편의 글을 잘 써보자고 모인 것은 아니라고 생각합니다. 마치 우리가 오늘 하루만 잘 살고 말 것이 아니듯이요. 여러분이 빈 문서를 마주할 일은 앞으로도 많을 것입니다. 이번은 그 수많은 날 중 하루일 뿐이지요. 아주아주 소중한 하루입니다. 계속 잘 살고 싶은 마음으로 좋은 하루도 나쁜 하루도 넘어가듯이, 계속 쓰고자 하는 마음으로 다시 빈 문서 앞에 서는 것 같습니다. 저는 언제나, 여러분이 써온 글보다 앞으로 쓰게 될 글들이 궁금합니다. 여러분도 그러셨으면 해요. 삶이 실패와 모순과 비극으로 가득하다고 해도 글마저 그렇게 되리라는 법은 없으니까요. 그럼 다음 주, 여러분을 구원했던 문장들과 함께 뵙겠습니다. 귀한 이야기들이 모이겠네요.

　　　　　　　　　　　　다시 시작되는 문장들을 위하여!
　　　　　　　　　　　　양다솔 드림

(이 주의 글감 · 지금 일어나는 일들)

이제 막 쓰이는 중

바깥은 비가 내리네요. 공기가 촉촉하고 시원합니다. 어떤 계절이 비로소 씻겨 내려지는 듯한 느낌이 드네요. 혼이 쏙 빠질 만큼 더워서, 봄인지 여름인지 가을인지 어떻게 지나갔는지 모르겠는 날들입니다. 다행히도 저는 보석 같은 이야기를 들려주는 여러분이 계셔서, 매주 이야기보따리를 풀며 몸을 보신하듯 지냈어요. 저와 이 계절을 함께 지나주셔서 감사드립니다. 글 쓰는 게 더워서 유독 힘든 건가, 아님 글을 써서 이렇게 더운 건가 헷갈리셨을 텐데, 사실 쓰기에 좋은 계절은 따로 없어요. 쓰기에 좋은 시절도 없습니다. 가끔 "지금은 쓸 때가 아닌 것 같아요"라는 말을 듣곤 합니다. 저도

10년째 그 생각을 하고 있습니다. 나중에 시간이 더 많아지면, 쓸거리가 더 생각나면, 마음의 여유가 더 생기면… 그런 아쉬움들이 구름처럼 둥둥 떠다니시겠지만 아뇨, 쓰기에 좋은 때는 없습니다. 진짜 좋은 글을 쓸 때는 손 놓고 기다린다고 오지 않아요. 손을 계속 움직이며 기다려야 옵니다. 그렇게 적은 글이 얼렁뚱땅 나의 전부가 됩니다.

글을 써도, 쓰지 않아도 우리는 누구나 글자 속에서 살아갑니다. 그런데 그 안에서 진짜 내 마음을 담은 글자, 누군가의 마음이 담긴 글자를 만나기란 쉽지 않습니다. 매일같이 사람들과 마주치고 말을 하지만, 그 속에서 진정한 대화를 찾기란 쉽지 않은 것처럼요. 주위엔 짧고 자극적이고 단편적인 문장들로 가득합니다. 어떤 것을 좋거나 나쁘게만, 쉽게 찬양하고 비난하는 글들이요. 그런데 살다 보면 어떤 것이 온전히 좋기만 하다든지, 나쁘기만 하다든지 하지 않습니다. 많은 것들은 그렇기도 하고 아니기도 하고, 생각보다 여러 가지를 동시에 갖고 있습니다. 어떤 것을 몇 문장으로 단정 짓기는 쉽지만 그것의 모순적이고도 복합적인 면면을 포착하기란 상상 이상으로 어렵습니다.

며칠 전에는 괜히 울적한 기분에 발끝만 본 채 길을 걷고 있는데, 별안간 눈 앞으로 책가방을 멘 소녀들이 무리지

어 뛰어갔습니다. 고개를 들어 그 모습을 쳐다볼 수밖에 없었죠. 레이스가 달린 양말과 빨간 에나멜 메리제인 구두, 보라색 핑크색 가방과 딸랑이는 머리 고무줄, 촐랑촐랑 신나게 흔들리는 신발주머니에 시선을 빼앗겼습니다. 내가 무슨 생각을 했는지도 까먹어버렸죠. 지금 내 눈앞에서 무언가가 너무나 살아 있다면 그것이 무엇이든, 당장 그것보다 중요한 것은 없을지도 모릅니다. 그리고 어떤 글은 살아 있는 존재보다도 생생할 때가 있습니다. 문장이 생생함을 담고 있을 때, 그 이야기는 영원히 죽지 않는 생을 품게 됩니다.

저는 여러분이 와글와글 뛰어가는 소녀들처럼 눈을 뗄 수 없는 글을 쓰기를 바랍니다. 지금 내 눈앞에 보이는 듯한 생생함, 그것은 시간과 공간을 초월해 어떤 순간을 함께 목격하고 있는 듯한 기분을 느끼게 합니다. 나도 이 일을 알고, 이 사람을 알고, 이 마음을 안다고 생각하게 합니다. 그런 글은 좋다 싫다 말하기 이전에 눈을 뗄 수가 없죠. 독자에게는 모든 것이 지금입니다. 강력한 이야기를 만드는 방법은 모든 이야기를 지금으로 불러오는 것입니다.

그러니 이번 주는 무엇이든! 지금 일어나는 일처럼, 지금 보고 있는 것처럼, 만지고 있는 것처럼, 들리는 것처럼 써봅시다. 지나간 이야기들은 없습니다. 화면 위에서 그 글자들은 이제 막 쓰이는 중입니다. 지금 일어나는 일들을 그대로 보여주고 있습니다. 쉬지 않고 뛰어서 저 언덕 위의 아파트까지 도착한 소녀들처럼요. 이야기는 나보다 먼저 일어나지 않고, 먼저 끝나지 않고 나와 함께 지금 여기서 움직이는 것으로 합니다. 실제로는 오래 전에 겪은 일이지만, 수많은 마음이 거쳐갔던 일이지만, 나 또한 그 일을 처음 겪었던 때로 돌아가서 씁니다. 또는 지금 당장 일어나는 일들을 그대로 써주세요. 당장 무엇이 보이시나요, 무엇이 들리시나요? 온몸의 감각을 깨워보세요!

자자, 짧고도 진한, 말랑하고 탱탱한, 쨍한 빛의 자두 같은 우리의 만남이 저물어가고 있습니다. 여러분을 문장으로 만날 수 있어 무진 영광이었습니다. 언제든 하고 싶은 이야기가 있으시면 버스 타고 오듯이 설렁설렁 오세요. 어떤 이야기든 털어놓을 수 있는 튼튼한 집으로 만들어 놓겠습니다. 우리는 살아 있고, 그래서 쓸 수 있고, 그래서 별 수 없이, 살아온 이야기를 쓴 것인데 그토록 당연한 것을 쓰느라고 온몸이 따끔따끔할 정도였다고, 이 시절을 기억하기 바랍니다.

지금 제 방에는 중지만 한 나방과 날벌레 여섯 마리가 날아다니고, 두 고양이가 몸을 동그랗게 말고 새근새근 잠들어 습니다. 빗소리와 귀뚜라미 소리가 잔잔히 들려오고, 밤

바람이 커텐을 살랑살랑 움직이고 있네요. 여러분의 지금은 어떤가요? 또 언젠가 여러분의 지금에 대해 들을 수 있게 되기를.

지금은 비누다, 잡히지 않으니까
양다솔 드림

(추신)

재미있는 의성어, 의태어를 활용하는 것도 좋습니다.
출랑출랑, 새근새근, 살랑살랑…
다양한 감각을 문장에 덧대주세요.

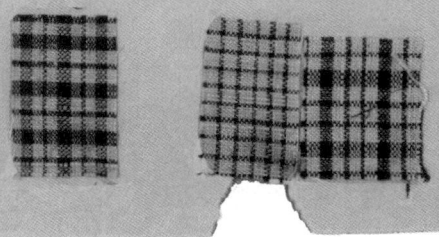

(이 주의 글감 · 나는 언제 불행해질까)

불행은 구체적이다

쓰다 보면 글을 보여줄 좋은 동료가 얼마나 소중한 것인지 깨닫게 됩니다. 글을 쓰자마자 달려가 보여줄 수 있는 믿을 만한 눈이 있다는 것. 그 눈과 오래 함께하는 것은 계속 쓰는 동력이자, 내가 아닌 타인의 눈을 내재화하는 연습입니다. 시간이 지나다 보면 이런 날이 찾아옵니다. '이번 에는 분명 이런 피드백을 듣겠군' 하고요. '안 봐도 비디오다' 같은 일이 되는 것이죠. 뻔한 일이 됐냐고요? 아니요. 내가 아닌 다양한 목소리가 내 안에 살게 되는 것입니다. (물론 긴 시간 함께해야 일어나는 일입니다.) 혼자일 줄 알았던 순간마다 불쑥 목소리가 튀어나와 나에게 말을 겁니다. 나에게서 한 발짝 멀어진 곳으로 나를 인도하는 목소리. 그 목소리는 세상과 나의 건강한 틈을 벌려줍니다. 그렇게 세발 자전거에서 바퀴 하나를 떼어내듯 어느새 자연스럽게 혼자서도 글을 고칠 수 있게 됩니다. 동료들이 더 이상 필요하지 않게 된 것이 아니라, 그들이 내 마음에 살게 되어서요. 그런 날이 여러분에게 찾아오기를 바랍니다. 당장 다음 주에 쓰게 될 글이 아니라 몇 년 후에, 아주 먼 훗날에 서로가 쓰게 될 글들을 기대하며 다음 주를 맞이했으면 합니다.

돌아보니 많은 것이 한 시절이었으나, 글을 쓰며 만난 인연들은 삶의 기둥처럼 함께해왔던 것 같습니다. 어디서도 말할 수 없었던 비밀을 아무렇지 않게 꺼내보고, 오랜 친구도 모르는 나의 면을 불쑥 보여주고, 나도 몰랐던 이야기들을 꺼내 놓고. 누구도 말해주지 않았던 보물 같은 문장들을 마음에 품고 돌아가고. 이 사람들을 여기가 아닌 다른 곳에서 만났다면 이런 얼굴을 볼 수 있었을까, 우리는 어떤 비밀 통로에서 서로의 가장 은밀한 면을 보고 있는 것이 아닐까 하는 생각을 합니다. 서로의 언어가 되고, 이야기가 되고, 요주의 인물이 되었던 한 시절을 지납니다.

저는 늘 원하는 것을 얻지 못하는 사람들의 이야기가 궁금합니다. "걔는 또 왜 그랬대?"라고 묻고 싶어요. 왜냐면 불행의 이유는 같을 수가 없거든요. 마치 우리를 구분하는 구분점이 거기에 있는 것 같아요. 그 같을 수 없는 이유가 왜 그렇게 궁금한지 모르겠습니다. 삶이란 게 생각했던 것만큼 뜻대로 흐르지 않더라고요. 어릴 때 읽었던 이야기책처럼 자신이 원하는 것을 알고 그것을 얻어내고 주인공이 되고 행복한 결말을 맞이하지만은 않습니다. 갈수록 '정상'이나 '일반'이라는 것이 뭔지도 모르겠습니다. 그런데 이미 망가진 사람들은 자신의 이야기를 하지 않아요. 그 이야기들은 청해진 적이 없었고, 그래서 보이지 않고 들리지 않으며 언어를 잃어버린 듯합니다.

무너져 내리는 것, 실패하는 것, 부서지는 것… 생각만 해도 두려운 일입니다. 나라고 생각했던, 내가 소중하게 여기는 것들이 와르르 무너진다면, 겨우겨우 붙잡았던 마지막 끈이 똑 하고 끊어진다면, 가장 믿었던 무언가가 등을 돌린다면, 그야말로 상상하고 싶지 않은 순간이죠. 동시에 내가 무얼 가지고 있었는지 가장 명징하게 알게 되는 순간이기도 합니다. 내게 무엇이 가장 소중했는지도요. 어떤 것을 인식하는 순간은 그것을 가지고 있을 때가 아니라 오히려 잃었을 때이며, 존재할 때보다 부재할 때이며, 만족하는 순간보다 결핍을 느끼는 순간이라는 것은 참으로 아이러니 합니다. 우리는 소중한 어떤 것을 잃어버림으로써 무언가를 기억하고, 이야기를 만들기 시작합니다. 그 아이러니를 이해하기 위해, 나를 설득하기 위해, 누군가에게 설명하기 위해, 그 공간을 채우기 위해서요. 필요한 것을 모든 것을 가지고 있었다면 무엇도 말할 필요를 느끼지 않았을지도 모릅니다. 어쩌면 불만과 변명과 설명으로부터, 실패와 변수로부터, 모든 것이 무너진 것으로부터 이야기는 시작됩니다.

    행복은 모두에게 비슷한 얼굴이지만 불행과 절망은 예기치 못한 때에 생각지도 못한 모습으로 나타납니다. 한 친구가 좋은 사람을 만나 결혼도 하고 사이좋게 애도 낳고 얼마 전에는 집도 샀다는 소식을 들었습니다. 인생이 정말 꿈같고 행복하겠다 생각했습니다. 부러움에 전화를 걸어보니 실상은 좀 달랐습니다. 글쎄 덜컥 산 집의 장판을 드러내보니 바닥에 심하게 곰팡이가 슬어 그것을 뒤집어엎는 데만 엄청난 돈이 들어간다는 거였어요. 친구는 프리랜서라 갑작스럽게 그런 큰돈을 빌릴 수 있는 곳이 없어, 당장 기간 내에 집에 들어가는 것 자체가 요원해졌다고 했습니다. 주저앉을 문제는 아니지만 골치 깨나 아프겠다 생각했습니다. 친구는 머리를 부여잡고 괴로워하고 있었어요. 마냥 행복해 보이던 그에게 그런 생각지도 못한 디테일이 끼어 있을 줄은 몰랐습니다. 동시에 누구도 그런 디테일이 없을 수 없겠다는 생각이 들었죠. 그 디테일이 바로 삶 그 자체니까요. 누군가 행복해 보인다면 자세히 들여다보지 않아서 그런 것일지도 모릅니다. 아무래도 좋은 사람 만나 결혼하고 애 낳고 집 사는 얘기보다는, 알고 보니 곰팡이가 슬어 머리카락을 쥐어뜯는 이야기가 훨씬 생생하고 재미있는 법이죠. 마찬가지로 내가 말하지 않으면 사람들도 내가 어떤 절망을 안고 사는지, 어떤 디테일이 있는지 알지 못합니다.

행복은 '행복하다' 한 마디로 충분할 때가 있지만, 불행과 절망은 필연적으로 구구절절합니다. 반전과 모순과 파격이 결코 단순하지 않기 때문이죠. 어쩌면 내가 어떤 절망에 처해 있는지 정확하게 말하는 것 자체가 나를 구원하는 일일지도 모릅니다. 더없이 정확하게 쓰고, 누군가 그것을 꼼꼼하게 읽고, 고개를 한번 끄덕여준다면 그걸로 됐다는 생각이 들지도요. 내가 왜 불행한지 잘 설명하려면 생각보다 많은 것을 경유해야 합니다. 불행은 결코 나만의 문제일 수가 없습니다. 내 앞 사람, 내가 사는 동네, 내가 속한 사회, 내가 가진 직업, 내가 사는 시대를 거쳐 다시 나로 돌아와야 하죠…. 저는 언제나 성공담보다는 다양한 실패담이 궁금합니다. 끝장나게 실패한 사람이 어떻게 다시 살기로 결심하는지가 궁금해요. 넘어지고 넘어져도 다시 일어나는 방법을 알고 싶기 때문입니다. 여러분을 절망케하는 것, 여러분을 무너뜨리는 것, 그 잿더미에서 다시 한 발을 딛게 한 것은 무엇인지 궁금합니다.

　어쩌면 삶은 고통을 아는 사람에게 더 많은 풍미를 주는 것 같습니다. 그 고통을 '극복'하거나 '미화'하지 않은 채로, 그것을 똑바로 바라보며 정확한 언어로 묘사한 글들을 보면 뭐랄까, 이상하게도 사랑 같은 것이 솟아나요. 모든 것에 대한 사랑이요. '저기 저 사람은 그토록 두려운 것과 마주섰어. 그것에서 도망치지 않았어. 저 사람은 스스로를 이해하고 있어. 계속 살아 있어.' 그것만으로 같은 인간으로서 위로와 격려와 힘을 받아요. 그러니까 자신을 위해서 쓴 글일 뿐인데, 글이라는 것은 그렇게 남에게도 전해집니다.

　진정으로 망가지는 순간은 불행한 때가 아니라, 내가 왜 그렇게 됐는지조차 설명할 수 없는 단계에서 발생하는 것 같아요. 왜 쓰게 되냐고 묻는다면, 몰라서 그런 것 같습니다. 계속 몰라요. 좀 이해가 안 돼요. 왜 나에게 이런 일이 일어나고 있는지요. 솔직히 정말 잘 모르겠습니다. 여러분은 아시겠나요? 그 답으로 만족하시나요. 두세 줄의 아주 간단한 이유들로 내 삶을 설명해볼 수도 있죠. 그런데 진심을 말하자면 한 번도 이해된 적은 없었던 것 같습니다.

    소개해드릴 읽을거리는 파트리크 쥐스킨트의 단편 《승부》입니다. 파트리크 쥐스킨트는 《좀머 씨 이야기》 《향수》로 전 세계에 알려지며 독일의 대표 작가로 자리매김한 작가입니다. 이 작가는 장편도 좋지만 단편도 참 좋습니다. 이 노련한 이야기꾼이 어떻게 한순간에 이목을 집중시키는지 보세요. 체스를 모르는 사람이나 등장하는 인물과 장소가 모두 낯선 사람이라도 이야기를 따라가기 전혀 어렵지 않을 겁니다. 아주 친절하지도, 아주 불친절하지도 않게 마치 나에게만 살짝씩 윙크를 하는 것처럼 적절한 정보를 주며 독자를 무리 없이 그 상황 안으로 데리고 들어갑니다. 실제로 그 승부를 눈앞에서 보는 것보다도 이 글을 읽는 것이 훨씬 드라마틱하고 생생하리란 생각마저 듭니다. 글에 등장하는 요주의 인물은 별말도 하지 않아요. 그를 특별하게 만드는 것, 그의 서사를 만드는 것은 그 자신이 아니라 그를 지켜보는 구경꾼들입니다. 그들의 반응만으로 상황은 드라마가 됩니다. 어찌 보면 단순하고 반복적이면서도 상당히 고양된 분위기를 다채로운 표현력으로 탄탄하게 견지해갑니다. 풍부한 표현력과 적절한 묘사, 절제와 센스가 빛나는 단편입니다. 상쾌하고도 다양한 장면들이 오버랩되는 즐거운 한판 승부입니다.

모두가 이런 승부 앞에 있다는 생각이 듭니다. 누가 승자이고 패자인지 처음부터 끝까지 알 수 없는, 불행과 행복이 그 의미를 알 수 없게 교차하는, 그 짧은 순간 안에 마음을 졸이고 기대를 걸고 욕심을 부리고 환희하는 소용돌이 안에 있지요. 매주 글을 쓰는 것부터가 만만찮은 승부입니다. 글을 쓰고 싶다는 마음과 실제로 글을 쓴다는 행위가 닮은 듯 얼마나 다른 것인지 우리는 알 수 있었죠. 그럼에도 여러분은 해냈습니다. 실패와 성공을 떠나서 매번 링 위에 올랐지요. 적수는 언제나 나였습니다. 함께 싸울 수 있어 영광인 시간입니다. 저는 여러분이 싸워서 일궈낸 이야기들을 비호하며, 어디서든 쓰일 여러분의 다음 문장을 기다리고 있을 것이어요. 모든 것이 무너져 내린 날 부적처럼 꺼내 읽을 이야기들을 써보도록 합시다. 나를 지켜준 이야기는 또 다른 누군가를 지킬 거예요. 여러분이 벼랑 끝에서 본 것들을 기대하고 있겠습니다. 그럼 또 만나요!

깨물어도 안 아픈 손가락,
양다솔 드림

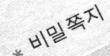
* 비밀쪽지

계속 쓰려는 당신에게

글 쓰는 일이 매번 의미 있게 느껴지지는 않습니다. 늘 즐겁거나 재밌지도 않아요. 사실 끔찍하거나 덜 끔찍한 것쪽에 가까운 것 같습니다. 그럼에도 계속 쓰게 되는 것은 왜일까요? 우리는 스스로에게 가학적인 사람들인 걸까요? 곰곰히 생각해봤는데, 삶이 원래 끔찍해서 그런 것 같습니다. 이 우주에 혼자라는 기분, 나를 비롯한 어떤 것도 내 마음대로 되지 않는다는 사실. 그런 것을 아주 확대하거나 축소하거나 망각하거나 빠져들지 않고 있을 수 있는 순간이 글 쓰는 순간에 아주 잠깐 가능하기 때문이 아닐까요. 저에게 쓰기는 내가 나라는 것을, 내가 혼자라는 것을 오롯이 받아들일 수 있는 드문 시간입니다.

"내가 직접 경험하지 않은 것은 쓰지 않는다"라고 프랑스 소설가 아니 에르노는 말했습니다. 쓰기는 '총체적 탐구' 이자 '글쓰기 이전에는 현장에 없던 것을 발견하는 것', 그리고 '자신을 구원하는 것'이라고요. 노벨 문학상 받은 작가가 그렇게 말했다니까요? 수필을 써온 입장에서 그녀의 존재는 조금 벅찹니다. 수필과 소설의 경계를 춤추듯 지워내며, 진짜 경험한 것은 때로 어떤 것으로도 대체할 수 없다고 말해주는 것 같거든요. 그렇게 보면 쓰기는 지극히 나를 위한 행위이지만 사회적 행위인 것 같습니다. 아니 에르노가 글 쓰는 게 제 삶에 빛처럼 느껴지는 걸 보면요….

한 사람의 삶에 일어났다고 믿을 수 없는 엄청난 이야기들을 읽으며, 그녀가 그걸 아무에게도 보여주지 않았다면 어쩔 뻔했나 생각합니다. 엄마에게, 친구에게, 동료에게만 보여주고 말았거나, 창피해서 일기장에만 적어두고 정기적으로 분서갱유라도 했다면 어쩔 뻔했나요…. 그녀의 글이 거침없이 쓰여지고 가차없이 퇴고되고 그래서 씻기고 입혀져 내 앞에 있음에 감사한 마음이 듭니다.

그러니 때로는 썼다는 사실만으로도 글은 충분한 의미가 있어요. 어떤 글은 조금 놀라운 점들마저 있을 겁니다. 내가 이런 글을 쓸 수 있다니. 써보기 전까지는 전혀 예상할 수 없었던 것이었다고요. 그러한 방식으로,

여러분이 빈 문서 위에 지어낸 집이 벌써 몇 채인지 모릅니다. 어쩌면 누군가는 삶을 통틀어 한 번도 해내지 못했을 일을, 결코 즐겁거나 재밌다고 말할 수 없는, 이토록 혼자인 일을 해내오셨어요.

그렇게 독자를 만난다는 것은 또 다른 세계의 문을 여는 것 같습니다. 내가 구체화한 우주에 문을 하나 달아두는 것과 비슷하달까요. 그것은 세상 그 어떤 것보다 나와 닮았으나, 나와는 엄연히 독립적이기도 합니다. 나와 전혀 다른 누군가가 그것을 읽음으로써 생기는 새로운 우주가 있다는 것을 여러분도 느껴보셨으면 해요. 내 삶의 낱낱한 진심과 구질구질한 진실들 대부분이 사람들에게 적나라하게 공개된들 아무 일도 일어나지 않는다는 것을요. 그것은 사람들로 가득한 거리에서 벌거벗는 기분보다는, 거대한 숲 같은 자연의 품안에서 내 본연의 모습으로 있는 것과 비슷한 기분이 든다는 것을요.

내가 쓰고, 쓰고, 또 쓴다고 해도 나는 그 글들을 벗어나 그새 또 새로운 내가 됩니다. 그래서 아니 에르노가 모든 것을 다 적어냈다고 해도 그 누구도 아니 에르노를 알 수 없어요. 여러분이 만지고 있는 그 글은 여러분과 닮았을 뿐, 엄연히 다른 어떤 것입니다. 그러니 그 글이 하고 싶은 얘기를 들어주세요. 내가 사랑하는 친구의 앞날을 북돋아주듯, 돋아나는 푸른 새싹을 응원하고 칭찬하듯, 유치원에 등원하는 아이의 겉옷을 입혀주듯, 그 글이 가야할 길을 터주시면 좋겠습니다. 씻기고 입히고 예쁘게 단장시켜서 여러분에게서 떠나보내주세요.

꼭 하고 싶은 이야기를 하는 사람만큼 신이 나고 반가운 것이 없습니다. 이야기의 홍수 속에서도 모두가 새로운 재미있는 이야기를 기다려요. 여러분에게는 훌륭한 무대와 관객이 있고, 시간도 있고, 어쩌면 이미 이야기도 있어요. 이것은 어쩌면 모든 이들이 인생을 통틀어 찾아 헤매는 것들이 아닌가 싶습니다. 그래서 저는 기다립니다. 여러분의 다음 이야기를요.

여러분의 글 속의 주인공들이 말을 할 때마다 그 목소리의 결과 높이, 속도, 표정과 제스처가 드러났으면 합니다. 그 이야기 속 장면을 여러분이 손으로 그려 넣듯이, 주인공의 뒤로 펼쳐진 배경부터 건물들의 모양,

하늘의 색, 그날의 날씨와 온도, 주인공의 머리카락과 속눈썹, 머리카락의 색, 머리는 언제 마지막으로 감았는지, 그 사람을 스치면 나는 냄새와 그 사람이 찌개에 넣는 재료. 그 사람이 힘들때면 찾아가는 장소와 똥 싸고 나서 뜯는 휴지의 칸 수, 어제 뀐 방구의 횟수같은 걸 알려주셨으면 좋겠어요. 꼭 제가 그 장소에 지금 있는 것처럼, 그 사람을 당장 마주보고 있는 것처럼요.

    여러분의 손끝에 쓰인 문장은 하나하나 제 눈 앞에 새로운 장면과 소리와 느낌을 그려냅니다. 원래 어디 있었는지조차 잊을만큼 홀딱 빠져들어요. 때로는 현실보다도 더 생생합니다. 그 이야기 속에 빠져 있는 순간, 그 이야기 속에 살게 되는 순간, 그 이야기는 더 이상 글이 아니라 제 삶의 '현재'가 됩니다. 그러니 여러분은 제 삶의 감독이세요. 그 순간만큼은 여러분은 시간의 속도를 아주 빠르게 만들 수도 있고, 한순간에 저 멀리로 이동할 수도 있습니다. 모든 것은 여러분의 전지전능한 손에 달려 있습니다. 제가 가보지 않은 곳으로 저를 데려가주세요. 제가 잊었을지도 모르는 꿈속으로,

먹었는지도 몰랐던 음식의 맛으로, 겪어보지 못했던 슬픔으로 저를 빠뜨려 주십시오. 여러분의 감각을 빠짐없이 빌려주세요. 그럼 까불이의 중언부언은 여기서 마치도록 하겠습니다. 누구 따라 쓰지 마세요. 그거 자꾸하면 습관됩니다. 다른 사람들 글 자꾸 훔끔거리지 마세요. 엉성하더라도 내가 지은 글을 쓰자! 아자아자! 그럼 20000.

치어리더,
양다솔 드림

6부 ‡ 실험적 글쓰기

형식 만지작거리기

[이 주의 글감 · 신화 쓰기]

당신이라는 신화

어떤 세계에 살고 계신가요? 우리는 현실 세계에 살지만 실제로 그것을 기능하게 하고 유지하고 장악하는 것은 현실 그 자체보다 신화가 아닐까 생각하곤 합니다. 말하자면 전혀 사실에 가깝지 않은 이야기들, 단편적이고 초자연적이고 굉장히 잔인하며 허무맹랑한 이야기들이요.

신화 하면 많이들 단군보다도 그리스 로마 신화를 먼저 떠올리실 텐데요. 혹시 그리스가 유럽 연합의 오랜 골칫거리라는 사실을 알고 계신가요. 그리스는 오래전부터 심각한 경제난에 시달리고 있죠. 그리스를 유럽에서 제하고자 하는 움직임이 여러 번 있었지만 모두 좌절되었습니다. 그럴 수밖에 없습니다. 그리스는 유럽의 모든 신화를 가지고 있거든요.

그리스의 신화·고대 역사를 뺀 유럽은 앙꼬 없는 찐빵이나 다름없습니다. 애초에 유럽이라는 이름의 유래부터가 그리스에서 출발합니다. 에우로파$_{Europa}$라는 동생을 잃어버린 형제 신들이 "에우로파, 에우로파! 어디 있니!"라고 외치며 유럽 전역을 떠돌던 것에서 그 이름을 따왔다고 합니다. 혹자는 제우스의 애인이었던 페키니아의 공주 에우로파가 소로 변한 제우스를 타고 돌아다닌 영역을 모두 유럽으로 부른다고 하기도 합니다. 이러나저러나 재미있는 이야기입니다. 신화의 독특한 특징이죠. 바로 '정설이 없다'입니다. 수많은 복사본이 있을 뿐 원본이 없죠. 지은이를 찾을 수 없다는 점, 구전으로 내려온다는 점도 마찬가지 입니다.

신화의 제일은 종교가 아닐까 생각합니다. 전 세계에서 가장 많이 팔린 책, 바로 성경! 성경도 굉장히 많은 버전이 존재하죠. 그중에 무엇이 원전이냐, 하는 논쟁이 다양한 성경 근본의 종교들 사이에서 논란이었는데요. 결과적으로 '원전이 없다'는 것이 밝혀졌죠. 입에서 입으로 전해져 내려오면서, 종이에서 종이로 옮겨지면서, 그것을 전하고 옮긴 사람의 각색과 퇴고가 이루어지며 수없이 많은 복사본이 생기게 되었습니다.

신화가 무섭다는 것을 저는 이 지점에서 깨달았는데요. '물 흐르듯이 읽히는 글'은 힘이 셉니다. 한 문장 읽기도 피곤한 상태에서 읽어도 어떤 글들은 좋다 나쁘다 느낄 새도 없이 끝 문장을 향해 가 있죠. 혼을 쏙 빼놓을 만큼 재미있는 글인 것입니다. 그렇다면 '노래처럼 입에 착 붙는 글'은 어떨까요. 한번 읽고 나면 머릿속에서 사라지지 않고 멜로디와 함께 왱왱 울린다면 말이죠. 지금 우리가 읽는 성경이 있기까지, 약 1000년간 복사본이 돌아다녔다고 합니다. 그 말은 수천 명, 수만 명의 사람들이 그 글의 독자가 되어 입에서 입으로, 종이에서 종이로 퇴고를 했다는, 그야말로 인류에서 가장 큰 퇴고 프로젝트를 거쳤다는 뜻이죠.

더 많은 사람들에게 이야기를 전해주기 위해서 사람들의 손과 입은 바빴을 것입니다. 그 과정에서 입에 걸리는 군더더기들은 씻겨져 나갔을 겁니다. 더 기억하기 쉽게, 더 이해하기 쉽게, 더 말하기 쉽게 이야기는 물 흐르듯 다듬어졌겠지요. 그러다 어느새 문장 안에 운율이 생겨버렸을 거예요. 멜로디가 붙으면 훨씬 더 외우기가 쉬워지니까요. 그 시절엔 카톡도 없었고, 종이도 귀했고, 글자를 배운 사람도 소수였습니다. 그 긴 세월 동안 성경의 이야기는 정말 많은 사람들의 입에 오르내리며 가장 익숙하고 본능적이고 원초적인 형태로 자리 잡게 되었을 것입니다.

솔직히 성경을 잘 알기 전까지 기독교인 분들을 이해할 수가 없었습니다. 일례로, 예수가 긴 여정 끝에 하느님의 땅, 예루살렘에 도착했을 때 모든 제자들이 그를 반깁니다. 하룻밤을 묵고 다음 날 아침 산책을 하던 예수는 허기를 느껴요. 그리고는 길가에 있던 무화과 나무를 발견합니다. 그런데 아쉽게도 무화과 나무에는 열매가 없습니다. 열매를 맺을 계절이 아직 다가오지 않았거든요. 자연의 섭리죠. 그러자 예수가 어떻게 했는지 아십니까. "이제부터 영원토록 네게서 열매가 맺히지 아니하리라." 배고픈 자신이 먹을 열매가 없다는 이유로 무화과 나무에 저주를 내린 것이죠. 가만있던 애한테요. 나무는 말라서 죽게 돼고, 다시는 열매를 맺지 못하며 그 땅에는 어떤 나무도 자라나지 않게 됩니다. (마태복음 21장 19절)

제가 느낀 성경 속 예수는 별로 현명하지 않습니다. 이성적이지도 않고 편파적이며 잔인하고… 좀 충격적이에요. 완전히 말도 안 되는 이야기도 많고, 성격 파탄자에 딱히 독자를 설득할 생각도 없습니다. 그런데요, 이게 약점같지만 전혀 약점이 아닙니다. 성경은 가장 허무맹랑한 이야기이자, 가장 강력한 퇴고본입니다. 여러분, 문학의 고전들을 보세요. 언어의 대가가 어떤 글을 몇 년에서 몇십 년 퇴고하니 100년이 지나도 살아 있는 고전이 됐죠. 자, 그러면 인류가 달려들어 1000년을 퇴고한 글은 어떻게 될까요. 네, 세상을 장악합니다. 제가 보기에 성경이 논리적이거나 창의적이어서 힘이 있는 게 아니고요. 내가 판단하기 이전에 머릿속에 박히도록 언어를 설계했기 때문에, 입에 완전 붙어버리기 때문에, 재밌고 충격적이기 때문에, 그냥 문장이 너무 웅장하고 멋지기 때문에 세계를 장악하는 서사가 된 것입니다.

제가 좋아하는 신화를 꼽자면 '마이나데스$_{Maenads}$'입니다. 고대 그리스 아테네 사회가 인류 역사상 전례없이 발전된 사회를 이루었다는 얘기는 익히 들어 아시지요. 그 사회가 공고한 노예 제도 위에서 작동하였으며, 아테네 출신의 건강한 성인 남성들에게만 시민권을 주었다는 것 또한 알고 계실 것입니다. 여자는 철저한 가부장제 안에서 남성의 소유물로 존재했고, 집에서 한평생을 살았습니다. 수많은 철학과 정치 제도, 지금까지 이어지는 올림픽과 다양한 축제도 여성들은 누린 적이 없었죠. 올림픽 경기 참전뿐만 아니라 경기를 관람하는 것조차도 금지였습니다. 그때 여자들이 외출할 수 있는 축제는 딱 두 개가 있었는데요. 한 해에 딱 한 번 하는 헤라 여신의 축제, 그리고 디오니소스 교의 축제에 등장하는 마이나데스가 그것입니다. 한 해에 딱 한 번, 디오니소스를 숭배하는 축제는 낮에는 포도주 취해 춤추는 광란의 축제가 열리고, 밤이 되면 은밀한 의식이 진행되었습니다. 모든 여자들이 밖으로 나와 깊고 어두운 숲속을 야생동물처럼 돌아다녔죠. 그날 하루만큼은 여자들도 자유의 몸이 되어 모든 욕망들을 마음껏 분출할 수 있었습니다. 그러다 어떤 남성을 마주치기라도 하면 모두가 달려들어 그 남성을 찢어발기고 때려 죽이는 것이 그 축제의 방식이었습니다. 엄청나죠. 그런 축제가 있었다는 사실 자체가요. 그것을 광기라 부르며 마이나데스라고 부르게 되었고, 지금의 '매니아$_{mania}$' '매드니스$_{madness}$' 같은 단어가 그로부터 파생되게 됩니다.

　지금 들으면 충격적인 이야기지만, 1년 내내 집 안에 갇혀 물건처럼 지내던 사람이 딱 한 번 외출을 한다면, 그럴 만하지 않나요? 이 이야기가 사실이 아니더라도 이 신화는 그 아래에 그림자처럼 존재했던 현실을 상상해보게 합니다. 앞서 언급한 성경 속 무화과 나무도 그 단순한 이야기 아래에 그보다 더 거대한 상징의 그림자가 있겠지요. 논지는, 신화란 생각보다 전혀 논리적이지 않다는 것입니다. 오히려 설득할 생각도 없고, 허무맹랑하며, 극단적이고, 단편적이고, 불친절하죠. 오히려 상처처럼 충격을 주어 잊히지 않게 합니다. 너무나 극단으로 치달아, 정반대에 있는 현실을 비춰보게 합니다. 그리고 지금까지 살아서 위력을 떨칠 만큼, 강력합니다.

전해져온 이야기는 논리적으로 접근해서는 그 가치를 알 수 없습니다. 오히려 알 수 없어서, 설명할 수 없어서, 이해할 수 없어서 생기는 그 틈이 그 이야기를 죽지 않고 계속 살아나게 한달까요? 신화 예찬이 이어지고 있습니다. 이야기를 쓰고, 극단적으로 만든 뒤, 중요한 부분을 텅 비운다. 그리고 모든 문장은 기분 나쁠 정도로 입에 잘 붙게 만든다. 신화의 작법을 이렇게 요약할 수 있을까요? 사실 신화를 가장 닮은 것은 꿈입니다. 여러분이 매일 꾸지만 눈을 뜨자마자 까먹는 그 꿈. 꿈은 강렬한 이미지의 연속일 뿐 그것을 잇는 맥락도, 논리적 타당성도, 설득할 생각도 없죠. 어쩌면 신화가 강력한 것은 무의식의 언어인 꿈을 닮았기 때문이기도 할 것입니다. 신화 너무 재밌지 않나요? (흥분!)

사실 여러분이 지금 쓰시는 모든 글이 시간이 지나면 누군가에게 신화처럼 느껴질 수 있을 것입니다. 비가 오는 시절이 있었어. 봄이 있었어. 꽃이 피었어. 사람들이 손을 잡고 다녔어. 반찬을 주고 받았어. 이 모든 것이 나중에는 증명할 수 없는 장면들이 될 수도 있죠. 잘 만든 신화는 실제 보이는 것보다 강력한 힘을 가집니다. 돈, 브랜드, 국가, 셀러브리티만 보아도 그렇죠. 하여튼 이번 주는 조금 더 허무맹랑하게, 불친절하게, 극단적이게, 물 흐르듯 읽히게 써봅시다. 나라는 존재가 현존하는 그 배경을 아주 웅장하게 꾸며보자고요. 태어나자마자 일곱 걸음 걷고 한마디 외쳤던 걸로 하자고요. 그 모든 이야기를 믿겠다고 약속합니다.

지금도 그 위세를 떨치는 신화들을 작가의 눈으로 다시 한번 읽어보시기를 권합니다. 성경도 좋고 경전도 좋고 그리스 로마 신화도 좋아요. 아마 그곳의 이야기들이 아주 오래되었으며, 또한 놀라울 정도로 현재의 것이라는 사실을 금방 느끼실 것입니다. 어쩌면 우리의 가장 오래된 글방 동료는 그 신화의 수많은 저자들일지도 몰라요. 여러분은 어떤 이야기를 신화로 만들고 싶으신가요? 어떤 이야기를 살아남게 하고 싶으신가요. 생략과 충격, 미친 듯한 퇴고. 제가 발견한 신화의 비법은 이렇습니다. 선녀에 몸 주변을 하늘하늘하게 날아다니는 얇은 비단 천을 나에게도 한번 씌워줍시다. 한 편의 글 안에서는 내가 신이라는 것은 명백한 사실이니까요. 모쪼록 자유롭게! 다음 주에 만납시다.

신화에 빠진,
미쓰 양다솔 드림

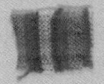

꿈을 자주 꾸시나요?
내일부터는 일어나자마자 꿈 일기를 적어봅시다.
여러분이라는 신화의 아주 좋은 시작이 될 수 있어요.

(이 주의 글감 · 나의 연혁 쓰기)

왜 어떤 일은 사건이 될까

여러분들이 가져오는 이야기를 읽는 일은 늘 설렙니다. 그 이야기 하나하나를 건져 올리는 일이 결코 쉽지 않았을 거라는 걸 알기에 더욱 그렇습니다. 잊었다고 생각했던 이야기가 떠오르고, 나조차도 내가 하게 될 줄 몰랐던 이야기를 불쑥 꺼내고, 말할 곳이 없어 마음속 깊은 곳에 넣어 두었던 이야기들을 풀어내는 나를 발견합니다. 그런 귀한 이야기들에 둘러싸여, 그저 나라는 존재로 있었다면 꿈에도 생각지 못했을 감정과 마음들에 저를 뉘여봅니다. 꽁꽁 묶여 있던 내가 여기저기로 스르르 흩어지는 기분, 그거 참 괜찮습니다.

    글은 지금 쓰였지만 그 이야기는 훨씬 오래전에 시작되

었을 수도 있습니다. 10년 전에, 15년 전에, 작년 혹은 어제. 내 마음속을 채운 헤아릴 수도 없이 많은 이야기의 줄기들 속에서, 용케 사라지지 않고 글자가 된 이야기지요. 오늘 쓴 글을 보며 내가 진짜 하고 싶은 말이 무엇이었는지 나중에야 깨닫게 될지도 모릅니다. 여러분은 미래의 자신에게 가장 소중한 신호를 보내는 걸지도 모릅니다.

분명 나에게서 출발하지만, 그 이야기를 받아들이는 것은 전적으로 타인이라는 것을 알아가는 것이 글쓰기인 것 같습니다. 나로부터 시작해 나에게서 끝나는 것이 아니라, 나에게서 시작된 참된 의미가 오해와 왜곡 없이 타인에게도 전달되기를 바라며, 혹은 그 폭을 최대한 줄이기 위해 애쓰며 쏘는 기도 같은 것이라고요. 처음으로 생각해보게 됩니다. '이 기분을 이렇게 말하는 것에 대해 타인도 동의할까?' '이 상태를 이렇게 쓰는 것이 상태에게 폭력이 되지는 않을까?' '이 말을 사용하는 것이 어떤 사람에게 오해를 사지는 않을까?' 하고요.

기억이라는 건 정말 믿을 것이 못 됩니다. 별로 중요하지 않다고 생각했던 사소한 것은 생생하게 기억되고, 분명히 있었던 일이라는 증거가 있는데도 내가 했던 일이 맞는지 믿을 수 없는 것도 있습니다. 그렇다면 어떤 걸 기억하게 될까요. 기억하지 못한 순간들도 다 존재했던 것인데, 다 어디로 가버리는 걸까요?

우리가 지금 이런 생각을 하는 순간에도 순간은 뚜벅뚜벅 제 갈 길을 가고 있습니다. '지금'은 어느 순간 모퉁이를 돌아 사라지고 있고요. 제가 궁금한 것은 이겁니다. 이 수많은 순간들 중에서, 어떤 것이 '사건'이 될까.

'나는 어떤 사건에 의미를 부여하는가, 그리고 그 이유는 무엇인가' 라는 말로 바꿀 수도 있겠네요. 그런데 그런 중요한 사건들이 일어나는 그 순간에는 과연 우리가 그걸 알았을까요? 대부분 몰랐을 겁니다, 이제부터 내 삶이 바뀌게 될 거라는 사실을요. 그렇게 순간은 조용히 왔다 가고, 우리는 나중에야 어떤 사건이 일어났음을 깨닫게 됩니다. 끝없이 밀려드는 순간의 파도 속에서 내 인생을 구분하게 하는 사건. 그 전과 후를 뚜렷이 나눌 수 있게 하는 사건. 언제 떠올려도 지금처럼 생생한 사건. 지금의 나를 만든 사건들은 무엇일까요. 삶이라는 두꺼운 책 사이사이에 꼽힌 책갈피 같은, 그런 사건은 무엇일까요.

이번에 함께할 글감은 '나의 연혁 쓰기'입니다. 오래된 공간이나 기업의 역사를 되돌아보듯이, 내 삶의 나이테를 살펴보는 것이죠. 나라는 사람의 나무위키에 정보를 써넣듯이요. 최애의 연혁은 정리해봤지만 내 연혁은 처음이라고요? 지금이 바로 기회입니다. 이미 진즉 정리해둔 게 있으시다고요? 특이하시네요. 이 기회에 다시 읽어보세요. 전부 동의하지 못할 수도요. 그렇다면 빨간 펜을 들 때입니다. 내가 태어난 연도부터 지금까지의 일들을 해마다 간결한 문장으로 정리해보는 것입니다. 뭐 연혁이라 할 만큼 대단한 사건이 있을까 싶겠지만, 이것에 있어서는 무조건 주관적으로, 나라는 주체가 보기에 중요한 사건을 선별하되 객관적인 문체로 쓰면 됩니다. 제가 쓴 제 삶의 연혁으로 예시를 들어볼게요.

1994년 종로구 길병원에서 4킬로그램에 육박하는 무게로 출생. 모두 아들이라고 착각했다.

1995년 만 1세. 울지도 않고 젖도 잘 먹고 잠도 잘 자는, 한마디로 '육아 난이도 하' 아이였다고 전해짐. 아마 이때 효도를 다한 것 같다.

1996년 만 2세. 단칸방 하나 얻기도 어려웠던 당시 집안 상황이 내가 찾아오면서 나아짐. 바로 번듯한 일자리와 살 집이 생기자 엄마는 나를 "누울 자리 보고 찾아온 복덩이"라고 불렀다.

1997년 만 3세. IMF 외환 위기로 집안이 잔뜩 움츠러듦.

1998년　만 4세. 폐렴 진단으로 중환자실에 보름간 입원하였으나 가까스로 죽음의 고비를 넘기고 생으로 돌아옴. 이후로도 기관지 부위는 취약한 편이라고.

1999년　만 5세. 엄마 아빠의 사랑을 독차지하며 자란 외동딸로 왼손에는 카드캡터 체리, 오른손에는 포켓몬스터를 조몰락거리며 그야말로 행복하게 지냈다.

　이런 식으로 써주시면 됩니다. 제 경우는 참고만 하시고요. 마음대로 공식적인 사건, 사적인 사건 가리지 마시고 그 시기에 받았던 충격이나 인상 깊은 에피소드를 한두 줄로 적어주세요. 오히려 이런 사적인 연혁에서 만나는 공적인 역사가 훨씬 재미있는 듯합니다.

　내 역사는 내가 쓴다. 어쩌면 글을 쓰는 사람이 가질 수 있는 가장 특별한 권리가 아닐까 싶습니다. 나라는 존재는 이러한 시간과 사건이 쌓여 만들어진 것이구나. 그중 어디에도 뺄 것, 중요하지 않은 것, 허투루 된 것이 없구나. 내가 직접 편찬하는 나의 역사를 보며 새로운 글감과 시각도 얻어볼 수 있기를 바라봅니다. 나라는 존재와 삶의 의미에 너무 집착하지 말고, 그냥 거리를 조금 둔 채 누군가의 인생이라고 접근해보시면 좋겠습니다. 이건 누가 알아도 되고, 이건 숨겨야 하고… 이런 자의식을 조금 내려두고, 있는 그대로, 나라는 존재의 양상을 기록해봅시다.

사실 연혁 쓰기는 한 친구가 제가 한창 삶의 진로를 고민할 때 제안했던 일입니다. 앞으로 뭘 하며 먹고 살아야 할지, 어떤 직업을 갖고 살아야 할지 고민에 빠져 있던 저에게 대뜸 연혁을 써보라고 하더군요. 자기는 30대인 지금까지의 연혁을 A4 열 장 정도로 써서 정리해서 갖고 있다고요…. 미래를 고민하는데 대뜸 아주 먼 과거부터 되돌아보라니, 정말 이상한 친구죠. 너 정말 이상하다, 하고 넘기면 될 텐데 그 말은 뜬금없고 우악스럽지만 어딘가 선문답스러운 구석이 있었습니다. 어쨌든 그래서 0세 때부터 쓰려고 하니 그것 참 기억이 희미하더이다. 이런 일이 있었나 싶을 정도로 태초의 일로 여겨졌어요. 그런데 그게 어디 남 일입니까? 전부 지금의 나를 만든 일이 아닙니까? 가까운 일만 크게 여길 것이 아니라고 생각했죠. 우리는 너무 지금에 빠져 살고 있습니다. 과거에 너무 매여 살 필요는 없지만, 나라는 사람에 대한 거대한 힌트를 그곳에서 발견할 수도 있어요. 지금만큼이나 흘러간 그때도 중요하다. 그것도 아니라면, 적어도 좋은 글감을 찾을 수 있을 겁니다.

    도저히 기억나지 않는다면 사진첩도 들춰보고 오래된 상자 속 옛 일기장도 핑계 삼아 펼쳐보세요. 엄마, 아빠, 할머니께도 여쭤보세요. 아마 사뭇 상기된 얼굴로 마치 어제 있었던 일처럼, 날 앞에 두고서도 꼭 다른 사람을 이야기하듯이 얘기해주실지도 몰라요. 유독 잘 기억하는 시기도 저마다 있을 거예요. '이 때는 도저히 두세 줄로 다 담을 수가 없네. 종이가 부족하겠는걸.' 그때는 부디 뒤도 돌아보지 마시고 그리로 쭉 쓰소서. 그것이 이번 주의 여러분에게 난 글의 길입니다. 내가 언젠가 두고 온 글의 문, 그 너머에 다녀오시면 꼭 들려주기예요.

밤안개가 자욱한 시골마을에서,
양다솔 드림

0세 때부터의 기억을 바로 끄집어내기 어렵다면,
4개의 축을 먼저 만들어봅시다.
이름하여 '인생 네 컷'. 사진은 충분히 찍었으니 글로 담아봅시다.
내 인생이 네 장의 사진이 된다면 어떤 장면들이 들어가야 할까요?

1. _____년: _____
   _____

2. _____년: _____
   _____

3. _____년: _____
   _____

4. _____년: _____
   _____

(이 주의 글감 · 변명의 글)

푸념이 모든 것이다

쓰고 싶었던 얘기들을 좀 써보셨는지요. 여러분의 글을 청하는 동료로서 몹시 궁금합니다. 아, 쓰려 하니 머리가 하애졌다고요? 아무거나 적어내리느라 바쁘다고요? 저런 건 나라도 쓰겠다 싶던 작가들마저 존경하게 됐다고요? 쓰기가 얼마나 끔찍한지만을 매번 깨닫고 있다고요? 그 마음 제가 잘 알고 있습니다. 벼락 치듯 하얀 시간이 지나가고 나면 하얀 종이 위의 글자들. 금이야 옥이야 내 자식같기도 하고, 꼴도 보기 싫어서 내가 쓴 거 아니라고 시치미를 떼고 싶기도 한 그 글자들 말이죠. 그 글에 대해 칭찬도 비판도 일체 듣고 싶지 않고, 또는 하루 종일 그 얘기만 하고 싶은 그것 말이죠.

사는 것이 어둠속을 걷고 있는 것처럼 느껴질 때가 있습니다. 어디에서 어디로 가는지, 내일은 어떤 일이 펼쳐질지 아무도 알지 못하니까요. 어둡고 험난한 세상에서, 글은 한치 앞일지라도 내 발등을 밝혀보는 행위가 아닐까 합니다. 동굴 벽에 새겨진 그림으로 우리 앞에 존재가 있다는 것을 알게 되었듯이, 우리가 우리에 대해서 쓰고 있다는 것이 얼마나 희망적인지 모릅니다. 왜곡과 과장, 거짓이 난무하는 세상에서 내 삶의 순간들을 나의 언어로 담아낸다는 것이요. 아무리 나를 잘 아는 사람도 대신 말해줄 수 없는 이야기들이니까요.

무엇이 되었든 여러분은 쓰기 시작했고, 그것으로 많은 것은 변하기 시작했습니다. 더 자세히 보게 되지 않았나요? 더 귀 기울여 듣게 되었고, 자주 걷게 되었을 겁니다. 비참함은 어떤 감각으로 설명될 수 있는지 살피고, 맛있다는 건 어떻게 작용하는 일인가 되짚어보고요. 왜 그런 일이 일어났는지 다시 생각해보게 되었죠. 평소 같았다면 '완전 별로네'하고 지나쳤을 사람도 다시 한번 바라보게 됐죠. 언젠가 그 사람에 대해 쓰려면, 자세히 봐두어야 할테니까요. 조금이라도 이해해두어야 할테니까요. 그것은 삶에서 한 발자국 떨어지는 것이자, 동시에 조금 더 삶을 사랑하게 된 것이라고 말해도 좋을 것입니다. 나는 그저 '나'로서 살았던 날들을 뒤로하고, 나로부터 딱 한 발 멀어져 나를 둘러싼 것들을 천천히 바라보게 되죠. 그것들을 더 깊고 세심한 눈으로 보게 됩니다.

그러고 보니 어떤 이야기를 하기 위해 이렇게까지 노력해본 적은 없었다는 생각이 들지는 않으셨나요? 자세히 보면 세상에 똑같은 것은 하나도 없는데, 그토록 다양한 이야기를 펼칠 곳은 많지 않은 듯합니다. 세상의 이야기들은 다소 일방적입니다. 삶의 대부분은 다른 사람의 이야기를 듣는 쪽입니다. 내 이야기를 마음껏 해볼 기회를 제대로 가져보지 못한 채 평생을 보내기도 합니다. 누군가가 만든 영화, 드라마, 노래 가사에 내 삶을 비추며 대부분의 시간을 보내죠. 그런데 자세히 보면 어떤 이야기도 내 삶과 똑같을 수는 없습니다. 그 미세한 '차이'가 어떤 여백을 남기고, 그 여백은 우리를 계속 이야기하게 만듭니다.

저는 글쓰기가 어떤 결과나 성과에 도달하는 과정이 아니라 일종의 운동이라고 생각합니다. 어떤 이와도 같지 않은, 그리고 어떤 의미에서 몹시도 같은, 내 이야기를 최선을 다해 말해보려는 시도. 그것에 적확한 언어를 쥐여주려는 시도. 내 삶을 주인으로서 바라보는 시도요. 밤을 새우며 입이 마르도록 쓰인 그 종이위의 문장이 당장은 어떤 일을 할 수 있을까 싶지요. 그런데 어쩐지 나는 삶을 대하는 태도가 조금 달라져 있습니다. 이제 어떤 것도 나는 쓸 수 있습니다. 나는 내 삶을 이야기로 만드는, 그런 말도 안 되는 일을 해냈고, 그래서 어떤 것을 조금은 다르게, 더 끈질기게 보게 됩니다.

'언어란 권력이다'라는 말을 곱씹어 생각해봅니다. 그렇게 내가 써낸 언어들은, 적어도 나의 인생에서 권력을 갖는 것 같습니다. 쓰는 언어는 나를 멈춰서게 합니다. 내가 정말 그랬나? 내가 봤던 것이 정말 그것이 맞나? 내가 맡았던 냄새가, 내가 느꼈던 감각이 그것이 맞나. 나를 계속 내 몸에 머무르게 합니다. 세상은 무엇이었고, 그 속에서 나는 무엇이었는지 구분해보게 합니다. 자꾸만 나와 주변을 마주보게 합니다. 나조차도 눈치채지 못했던 나의 뒤통수를 바라보게 합니다. 그리하여 쓰는 사람의 눈은 다르게 됩니다. 다르게 걷고, 다르게 보고, 다르게 호흡하게 됩니다. 지금 이 순간이 단순히 이 순간으로 흘러가 사라지지 않을 것을 아는 이가 어떻게 죽어 있을 수 있을까요.

어떤 글이 내가 예상했던 그대로 쓰였던 적이 있나요? 적어도 저는 없었던 것 같습니다. 마치 오늘 하루처럼, 저는 늘 제 예상과는 멋들어지게 빗나간 글을 마주하게 되어요. 그런 의미에서 글과 삶은 비슷한 것 같습니다. 처음부터 끝까지 내가 쓴 것이 맞는데도 늘 예측 불가능합니다. 그래서 즐겁습니다. 그런데 말이죠, 삶은 마음에 안 들어도 다시 시작할 수 없지만 글은 언제나 다시 시작할 수 있습니다. 글은 어쩌면 잘 실패하는 사람의 것입니다. 실패해도 다시 쓰고 다시 쓰는 사람이요. 지금 당장 내 글이 마음에 들지 않더라도, 다음 글이 어떤 글이 될지는 다시 써야만 확인할 수 있습니다. 저는 여러분의 성공보다 멋들어진 실패를 기대합니다.그냥 당장 도망치고 싶으시다고요? 잘된 일입니다. 왜냐면 이번 주제는 '변명의 말: 그때 왜 그랬어?'거든요. 세계의 음지로 밀려난 변명, 핑계, 푸념이 이 주의 주인공들입니다.

여러분은 핑계를, 변명을 알아보는 눈이 있으십니까? 저는 말을 곧이 곧대로 믿는 편이라, 그게 핑계이든 변명이든 알아보지 못하고 철썩같이 믿어버리고 말아요. 생각보다 잘 속는 사람입니다. 그것이 진심이었는지 아니었는지 오랜 시간을 돌고 돌아 깨닫게 될 뿐입니다. 썰물로 바닥이 드러난 뒤에야 거기 뭐가 있었는지 알아요. 물속을 꿰뚫어 보지 못합니다. 그렇지만 핑계와 변명을 다 빼버리고 난다면 우리가 할 말이 뭐가 남을까요. 모르긴 몰라도 말이 엄청 짧아질 거예요. 사실은 간단하고, 핑계는 복잡하니까요. 어떤 것을 숨기기 위해 다른 것을 내세우는 것. 있는 그대로 말할 수 없는 사실들. 무언가를 감추기 위해, 때로 상처주지 않기 위해 잔머리를 굴려본 일이 있을 겁니다. 사실은 차라리 쉽지요. 본 대로 겪은 대로 말하면 됩니다. 반면 핑계는 여러 번 다시 생각해야 합니다. 살짝 돌려보고, 다른 이야기를 추가해보고, 덧입혀보게 돼죠. 가장 재밌는 이야기들은 없는 변명을 지어낼 때 탄생할지도 모릅니다. 아마 좋은 이야기들은 대부분 좋은 핑계를 대는 것일지도 모르겠어요.

근래 들었던 가장 어이없는 핑계, 가장 기가 찬 핑계, 속이 뻔히 보이는 핑계, 보기 좋게 속은 핑계, 나도 모르게 둘러댔던 핑계, 스스로도 놀랄 속아 넘어갈 정도로 감쪽같았던 핑계, 들키고 싶은 핑계가 있다면 들려주세요. 계속 말하다 보니까 '핑계'라는 단어 어감이 참 재밌네요. 익숙해서 몰랐는데 외래어 같은 느낌도 들고요. 핑계라는 단어가 머릿속에 콕 박혀 다른 게 아무것도 떠오르지 않으신다고요? 그러면 이번 주만큼은 사람들이 무슨 이야기를 하나 귀 기울여 들어보세요. 길을 걸으면서도 다른 사람들의 수다를 들어보시고요. 친구에게 요즘 무슨 일 없냐, 괜히 물어보시고요. 엄마 아빠한테 문안 전화도 해보시고. 사람들로 북적북적한 카페나 바, 술집에 가서 엿들어보세요. 어떤 게 본심이고 어떤 게 핑계인지 상상해보세요. 중요한 사실을 숨기려면 그만큼 멋지고 세련된 핑계가 필요하겠죠? 가장 화려한 별명을 펼쳐주세요. 마음에 안 드는 것이 무엇이든 신나게 툴툴거려주세요. 저도 언젠가 찬란한 핑계의 융단을 짜보고 싶네요. 여러분의 푸념으로 가득한 꽃밭에 눕고 싶습니다. 그 이야기가 아무리 터무니없고 엉뚱하고 장황하더라도 듣겠습니다. 편안한 마음으로, 딴소리를 늘어놓아주세요. 딴소리가, 입말이, 쉬운 푸념이, 우리의 모든 것입니다.

수다쟁이,
양다솔 드림

(추신)

여러분은 너무 당황해서 나도 모르게
마음에도 없던 거짓말을 했던 적이 있나요?

[이 주의 글감 · 부고 쓰기]

아주 가만한 글

어쩌다 글을 쓰게 되셨나요. 아니, 다시 물어볼게요. 왜 하필이면 글을 쓰기로 하셨어요. 지금이라도 도망치라는 이야기를 하려는 것은 아닙니다. 고개를 숙여보세요. 지금 이 의자 위에 나를 묶은 건 나 자신인걸요. 맞습니다. 여러분은 쓰기로 마음먹었어요. 그것은 여러분의 선택입니다. 어떻게 단언할 수 있냐고요? 이거 이거… 남이 하라고 해서 할 수 있는 종류의 일이 아닙니다. 여러분은 우연히, 그냥, 한 번쯤 쓴다고 생각하겠지만 제 생각은 달라요. 여러분은 운명적으로 쓰기에 도달했습니다. 답답한 기분이 들면 산 위에 올라가 크게 소리치거나 노래방에서 한바탕 노래 부르면 될 것을 여러분은 하얗게 질린 빈 문서를 마주하기를 택했으니까요. 새삼스럽게 궁금해집니다.

언젠가는 글방이 휑했습니다. 글을 써오겠다고 약속해놓고 실제로 나타난 분은 절반도 되지 않았죠. 그나마 글을 써 온 동료들도 마치 전장에서 죽다 살아난 듯한 기진한 얼굴이었습니다. 다 같이 고민에 빠졌습니다. '저번 주에 글을 써오기로 약속했던 그 동료는 어디로 갔을까? 그것은 그야말로 그 사람만 아는 사정일 겁니다. 바빴을 수도 있고, 아팠을 수도 있고, 불의의 사고가 있었을 수도 있죠. 며칠 동안 고생 끝에 쓰던 글을 몽땅 지워버렸을 수도 있습니다. 혹은 그저 쓸 수 없었을 수도 있습니다. 마치 누가 손을 묶어버린 듯, 입을 막아버린 듯, 단 한 글자도 써지지 않았을 수도 있어요. 그 모든 것은 하나도 이상한 일이 아닙니다.

글을 쓰지 못했을 때 마음이 얼마나 무거워지는지 잘 알고 있습니다. 무거운 추처럼 마음속 심해로 가라앉게 되지요. 차라리 이상한 글이라도 쓰고 나면 개운합니다. 그래도 썼다, 하면서 다음 글로 넘어갈 수 있습니다. 그러나 고전하던 글을 결국 완성해내지 못했을 때, 마감을 지키지 못했을 때의 그 절망과 우울함, 열패감은 형언할 수 없습니다. 아마 글 같은 건 다시 쳐다도 보고 싶지 않을 거예요. 그래서인지 글방에서도 오신 분들에 대한 반가움도 잠시, 오지 못한 빈자리를 보며 마음이 쓰리곤 합니다. 하지만 여러분, 다시 말하지만 쓰지 못한 것은 이상한 일이 아닙니다. 오히려, 포기하지 않고 써내고 마는 사람이 신기하죠. 쓴다는 행위는 당연한 것이 아닙니다. 마음먹은 대로 다 써지지 않아요. 그것은 일주일 쓴 사람이나 10년 쓴 사람이나 크게 다르지 않습니다. 쓰지 못했다고 스스로를 탓하지 마세요. 그저 그건 자연현상이라고 받아들이세요. 차라리 이렇게 생각해봅시다.

맑은 날의 나들이도 좋지만 우리는 비가 오나 눈이 오나 나아가야 하기에, 글이 써지는 날도 안 써지는 날도 그저 '자신의 출발선'에 서 있을 수 있다면 좋겠습니다. 일희일비하지 마세요. 우리는 하루아침에 달라지는 일을 하는 것이 아니니까요. 시간이 흐르면서 함께 쓰던 동료들이 하나 둘 떠나가고 혼자 남게 될 수도 있습니다. 혹은 절대 남을 거라고 생각하지 않았던 이가 계속 내 옆에서 쓰고 있을 수도 있어요. 어떤 가능성도 없어 보였던 글이 어느 날 눈부시게 성장하는 모습을 목격할 수도 있습니다. 시간이 흘러 문득 고개를 들었을 때 내 옆에 남아 있는 사람은 글을 아주 잘 쓰던, 압도적인 재능이 빛나던, 재미있는 이야기보따리가 가득했던 그 사람이 아닐 수도 있어요. 삶은 예측할 수 없는 일들로 가득하고, 글은 꽃보다는 나무를 심는 것에 가깝다고 믿기 때문입니다.

　가장 중요한 독자는 나라는 사실, 지금쯤은 알게 되셨을까요? 어느 누구보다 내가 내 글을 가장 기다리고 있다는 것을, 가장 기대하고 가장 사랑하고 가장 자랑스러워하고 있다는 사실을요. 저는 저를 놀래키기 위해 글을 쓸 때 가장 기뻤던 것 같습니다. 제 마음에 들 때까지 글을 고치고 또 고쳐서, 그것을 읽어보고, 다시 밥 먹을 때, 샤워할 때 읽었습니다. 자기 전에도 읽고 눈 뜨자마자도 읽었습니다. 이런 멋진 이야기를 내가 썼다는 사실이 놀라웠어요. 그것을 쓴 과거의 내가 사뭇 멀게 느껴지기도 했습니다. 쓴다는 것은 작은 경이의 순간이었습니다. 그것은 자세히 보지 않으면 눈치채지 못할 조약돌만한 크기의 것이었습니다. 자연을 보며 느꼈던 경이와 닮아 꼭 있었습니다. 그 순간의 나는 비참하지도, 한심하지도 않고 기만하거나 가식적이지도 않았습니다. 말하자면 잠깐 사라진 것 같았지요.

　내 삶에서 내가 잠깐 사라지는 순간. 진정으로 글을 쓰는 순간이란 그런 것 같습니다. 내가 가장 사랑하고 익숙해하는 것들로부터 멀어지는 순간에만 그것을 온전히 담을 수 있으니까요. 오롯이 혼자 남아 나와 내가 대화하는 시간인데 오히려 내가 사라진다니, 참으로 역설적입니다. 내가 나라고 생각하는 세상으로부터 멀어지는 자유, 그것이 저에게는 글쓰기였던 것 같습니다. 가장 슬픈 날도 가장 기쁜 날도 쓰면서 멀어질 수 있었어요. 그러면 저는 미래에 대한 두려움이나 기대를 어느새 글에 맡겨 두고 가벼운 마음으로 내일로 갈 수 있었습니다. 그래서 글은 저를 계속해서 구하는 일에 가까웠습니다.

다행히도 여러분, 글은 죽을 때까지 쓸 수가 있습니다. 펜을 들 수 있을 정도의 무게만 버틸 수 있다면요. 아마 죽는 그 순간마저도 유서라는 글을 마감하고 있을지도 모릅니다. 생의 마지막 순간에 우리가 하고 싶은 말은 무엇이 될까요? 어쩌면 이미 자신이 없는 세상을 상상하며 쓰고 계신 분들도 있겠죠. 우리가 사라진 세상에 글만은 남아 있을 테니까요. 그런 생각을 하면 쓰기로 하길 참 잘했다는 생각이 듭니다.

《가만한 당신》을 쓴 기자이자 작가 최윤필은 부고란을 일 삼아 읽었다고 해요. 참 특이한 취미입니다. 부고 기사 지면만 몇 년을 도맡았습니다. 책에는 이 세상을 밝은 곳으로 이끈 수많은 인물들의 부고가 실려 있는데요. 그중에서도 저는 어쩐지 가장 실없는, 그러나 가장 많이 저를 웃게 한 어느 무명 야구선수의 부고를 가장 즐겁게 읽었습니다. 무명 야구

선수의 부고라니요. 의사, 활동가, 열사, 학자 사이에 사알짝 끼어 있던, 부고라지만 웃어버리지 않을 수 없던 사람이었습니다. 이처럼 그는 국내에 알려진 인물보다는 아무도 모를 것 같은 이들, 그들이 '떠난 자리에 잔물결도 일지 않을 것 같은 이들'을 주목했다고 해요. 그 사람의 삶에 대해 쓰기 위해 관련 보도들을 종합하고, 보충 자료를 찾고, 책이나 영화 등 도움 되는 것들은 전부 찾았습니다. 내가 만나보지 않은 누군가의 삶에 대해 가장 결정적인, 마지막 대필을 하는 일은 얼마나 큰 무게를 가질까요?

우리는 '가만한'이라는 형용사를 종종 사용하는데요. 이 책의 제목에는 더할 나위 없이 정확한 사용입니다. 이 책의 주인공들은 정말 '가만히' 계시니까요. 작가는 말없이 그들의 삶을 읽고, 그들보다도 더 그 삶을 잘 읽어내는 글을 씁니다.

이제 더 이상 말할 수 없는, 어떤 것도 설명할 수 없는, 번복할 수 없는 '가만한' 당신으로부터 어떻게 이야기를 읽어낼 수 있을까요. 웬만큼 섬세하고 상상력이 풍부하고 마음이 넓은 필자가 아니고서야 할 수 없는 일일 것입니다. 이 책을 읽으며 글은 단순히 잘 쓰는 것이 문제가 아니라 내가 잘 쓸 수 있는 '형식'을 발견하는 일이라는 것 또한 느꼈습니다. 모든 글을 다 잘 쓸 필요는 없습니다. 우리가 최윤필 기자에게 로맨스와 스릴러와 코미디도 잘 쓰기를 바라지 않는 것처럼요.

한 사람의 인생이 책과 같다면 삶을 마쳤다는 것은 마지막 문장을 쓴 것과 같겠지요. 모든 것의 막이 내리고 난 후, 내 삶은 어떤 책으로 읽힐까요?

부고는 필연적으로 '더 이상 말할 수 없는 나'에 대해 타인이 쓰는 일이 될 것입니다. 최윤필 작가와 같은 독자를 만난 삶이라면 좋겠지만, 그런 행운은 드물겠죠. 그렇기에 우리는 오늘 셀프 부고를 써봅니다.

모든 살아 있는 존재는 필멸합니다. 우리는 가끔 빛이 나고 조금씩 분명히 사라져갑니다. 무언가로 돌아갑니다. 그렇다면 나의 부고는 어떤 것이 될까요. 하루에도 열두 번씩 바뀌는 나의 마음과 생각 속에서 내가 선택한 길들, 끝내 걸어온 갈지자의 길들이 문장처럼 읽히게 될 날들이 오겠죠. 일어난 사실만을 쓸 필요는 없습니다. 지금 당장 죽을 필요도 없습니다. 내가 원하는 만큼 살다가 내가 원하는 방식으로 죽어도 좋습니다. 내가 생각하는 나의 부고, 혹은 내가 쓰고자 하는 타인의 부고를 써봅시다.

부고를 쓰기 위해서 필연적으로 '어떻게 죽을 것인가'를 스스로에게 물어야 할 텐데요. 저는 여러분이 스스로를 어떻게 죽일지(!)가 앞으로 어떻게 살아갈지만큼 궁금해졌습니다. 우리는 태어남으로부터 여기까지 걸어왔으니, 사라짐으로부터 거꾸로 걷는다면 분명 전에 보지 못했던 것들과 마주칠 수 있겠죠? 새로운 것과 만나는 한 주가 되길 바라며. 오늘만 날인 것처럼 씁시다!

웃다가 죽을 예정인,
양다솔 드림

에필로그

편지를 쓰는 직업

오늘은 저에게 특별히 기쁜 날입니다. 다 같이 편지를 쓰자고 할 작정이거든요. 정신을 차리고 보니 저는 편지를 쓰는 직업을 갖고 있었습니다. 매주 사랑을 갈구하는 애인이나 무지막지한 이자를 받아먹는 일수꾼처럼 집요하고 애절하게 글을 청하는 편지를 쓰고, 그것에 과분한 만큼의 답장을 받고 있습니다. 제가 내일 죽는다면 묘비에는 '죽는 날까지 편지를 쓰던 사람'이라고 새겨져도 될 거예요. 부지런히도 편지를 부치다 보니 편지가 책처럼 쌓였습니다. 한 번이겠지, 하고 시작한 것이 이렇게 될 줄은 꿈에도 몰랐습니다. 여러분도 한번 써볼까, 하고 시작한 일이 벌써 몇 번의 계절을 넘겼을지 모릅니다. 나는 출근하고 퇴근하는 직장인이 아니라, 누군가의 연인이나 배우자 혹은 부모가 아니라, 그저 답장하는 사람, 매주 글을 쓰는 사람일지도 모르겠다고요.

이것이 제 편지의 마지막입니다. 마지막, 이라는 글자를 써넣고 보니, 매주 밤마다 이 편지지 앞에 앉았던 제가 모두 함께 모여 앉아 있는 것 같아 조금 어질합니다. 아마 이쯤 되면 어떤 분들은 제 편지를 받는 것이 지쳤을 수도 있어요. '지기야(자기 아님), 다른 레퍼토리는 없니.' 그렇게 묻고 싶을지도 모릅니다. 또는 근처 사는 이웃이 이따금 들러서 풀어놓는 넋두리처럼 읽는 분도 계시겠죠. 너도 참, 작법은 알려준다고 안 하긴 했지만… 하고 생각하면서요.

두부 가게에서 매일 새로운 두부를 만들 듯이 편지를 썼습니다. 실제로 저는 여러분의 믿음직한 단골 미용실, 철물점 내지는 세탁소가 되고 싶은 마음이었어요. 그냥 그쪽 일 볼 때는 별생각 없이 향하게 되는 가게. 평소엔 별생각 없다가도 만나면 어김없이 반가운 가게. 삶의 작은 부분을 의심 없이 의탁하게 되는 가게요.

느닷없이 궁금하더라고요. 도대체 어떻게 그렇게 매주 편지를 보낼 수가 있었을까? 아주 바쁜 때에도, 아주 한가한 때에도 여러분에게 편지를 쓰는 순간은 변함없이 즐거웠습니다. 어쩌다 편지를 쓰겠다고 호언해서, 이런 신세가 되었나… 후회에 젖는 날도 있었지만, 내가 뭔가를 사랑하고 있다는 것을 매주 확인할 수 있었던 것 같습니다. 이야기를 써 달라고 조르는 일이 적성에 맞더라고요. 그냥 쓰는 것보다 써달라고 쓰는 게 재밌었습니다. 저의 어리숙하고 뜬금없고 섣부른, 때로는 설익은 편지를 받아보셨을 여러분. 선택의 여지없이 그것을 읽을 수밖에 없었던 수신인 여러분. 이 자리를 빌려 정말 감사합니다. 여러분이 매주 써주시는 글이 저에게는 답이었고, 그것은 늘 분에 넘칠 만큼 멋진 답장이었어요.

그래서 이번 주는 함께 편지를 띄우려 합니다. 이 편지는 누구도 아닌 여러분 자신에게 씁시다. 그런데 타인보다도 더 타인 같은 나입니다. 그럴 것이, 작년 이맘때쯤 내가 누구였는지 기억하시나요? 그때 내가 어떤 생각을 하며 하루를 보냈는지, 지금쯤이면 어떤 일들이 일어날 거라고 생각했는지, 모든 것이 희미합니다. 어제와 오늘을 가만히 지켜보면 내일이 그려지기도 합니다. 나는 어제처럼 오늘처럼 내일을 반복하며 미래를 향해 가겠죠. 내일의 나에게는 바랄 수 없지만 내년의 나에게는 바랄 수 있는 마음들이 있을 겁니다. 한 해를 시작할 때마다 새로운 마음을 내듯이 조금 더 큰 소망을 태워 보낼 겁니다. 하루가 아주 많이 반복되면 지금의 나로부터는 아주 멀어지지 않을까 희망하면서요.

    이 편지의 발신인은 특별합니다. '익숙한 나'이자 '알 수 없는 미래의 나'이죠. 상대는 내가 속속들이 알고 있기도 하고, 전혀 알 수 없기도 합니다. 1년 후의 나는 지금의 나에게 어떤 말을 해주고 싶을까요? 어제나 오늘이 아니라 내일에 머물러 지금의 나를 바라봅니다. 우리가 늘 해왔던 일직선적 시간의 개념을 살짝 흔들어보는 것이죠. 편지의 내용은 지금보다 미래의 나에게 달려 있을지도 모릅니다. 지금보다 행복하다면 '걱정할 것 없어. 행복한 미래가 너를 기다리고 있으니까'라고 말할 것이고, 불행하다면 '다시 오지 않을 그 순간을 네가 마음껏 즐기길 바라' 같은 말을 하고 싶겠죠.

    지금 내 삶에 일어나는 대부분의 일들은 그때쯤이면 변화해 있을 것입니다. 예상했던 일도 있지만, 전혀 예상치 못한 일들도 있을 거예요. 어떤 일은 끝났을 수도 있고 다시 이어지고 있을 수도, 더는 빛나지 않을 수도, 혹은 훨씬 즐거워졌을 수도 있습니다. 지금 어떤 고민을 하든 그때쯤이면 까맣게 잊을지도 모릅니다. 소중한 것을 몽땅 잃은 뒤에 다시 새로 찾았을 수도 있고요. 미래의 내가 무엇으로 머리를 싸매고 있을지는 그야말로 상상의 영역입니다.

서간문이란 참으로 은밀하고 사적인 것 같습니다. 모든 수필과 글이 사실은 아주 은밀한 나를 드러내고 있음에도, 서간문은 유독 더 그렇게 느껴집니다. 독자의 얼굴을 알잖아요. 이 글을 받게 될 얼굴을 알고, 그들의 말투와 버릇을 알고 있습니다. 그래서인지 허공에 대고 떠는 것 같던 글쓰기와는 조금 다른 자세를 취하게 되는 것 같습니다. 안 하던 말도 하게 되고, 너스레도 떨고, 약간의 빈틈도 보여줄 수 있습니다. 너와 나만 알고 있는 인사이드 조크나 암호, 둘만의 추억들을 털어놓을 수도 있습니다. 그것이 나에게 보내는 것이라면 더욱 나만의 이야기에 빠질 수 있겠죠. 하지만 정말 나만 알아들을 수 있는 편지를 쓴다면 그것은 편지로서는 성공적이지만 서간문으로서는 실패입니다.

　　서간문이라는 글의 형식을 저는 '귓속말하기'라고 표현해보고 싶어요. 편지는 A가 B에게 하고 싶은 말을 전달하는 글이지만, 서간문이라는 글의 형식은 A가 B에게 말하는 듯하면서 사실은 모두를 향해 말하고 있는 글입니다. 글로 쓰는 ASMR이라고 할까요? 귓속말하듯 속삭이고 있지만, 모두에게 잘 들리도록 씁시다. 독자를 신경 쓰지 않고 쓴다면 마치 읽어선 안 되는 남의 편지를 훔쳐 읽는 기분이 들겠죠. 물론 그것을 의도했다면 그것도 좋지만요. 마치 연극에서 배우가 혼자 있는 듯이 독백을 연기한다고 해도 관객에게 절대 등을 보이지 않는 것과 같습니다. 그렇지만 서간문의 매력은 마치 나에게만 말하는 것처럼 들린다는 것입니다. 독자를 배제시키면 안 되지만 역설적으로 독자를 배제했다는 것이 매력으로 작용하는 셈이죠. 오직 나에게만 말하고 있다니, 얼마나 솔깃한가요? 그 얘기가 무엇이 되었든 귀를 갖다 대보고 싶잖아요.

물론 그렇다고 모든 것을 명명백백 다 밝힌다면 서간문이라는 형식의 힘을 빌릴 필요도 없겠죠. 그 사정을 알 수 없는 둘만의 관계가 독자 사이에서 필연적으로 그림자를 드리울 것입니다. 그것을 맥락적으로 이해할 수 있도록 힌트를 두고 갈 수도 있고, 마음껏 상상하도록 놔둘 수도 있겠죠. 어떤 것은 생략하고 어떤 것은 드러내면서, 귓속말이라는 은밀함과 긴장감의 끈을 유지하는 것이 서간문의 매력이 될 겁니다. 필요한 이야기만 흘린다라… 대체 무슨 말이냐고요? 어떤 이야기를 말하고 어떤 이야기를 숨기는 것이 이야기를 매력적으로 만들까요? 어떤 식으로 써야 독자는 이것이 자신을 위해 철저히 계산된 편지임을 잊고서 홀랑 빠져들까요.

편지라는 형식을 빌려 드라마를 만들 수도 있을 것입니다. 우리는 관계 안에서 여러 얼굴을 갖고 있잖아요. 사랑스럽기도 하고 애절하기도 하고 무도하기도 하죠. 보통의 글 위에서는 할 수 없는 말을 편지 위에서는 서슴없이 합니다. 엄마에게 주는 편지와 애인에게 주는 편지가 다른 온도로 시작되듯이요. 오히려 그전에 해본 적 없던 어떤 페르소나를 그 형식 위에서 만들어볼 수도 있을 것입니다. 저 또한 여러분에게 이렇게 편지를 쓸 때만이 나오는 태도와 말투가 있거든요. 어떤 다이내믹과 케미스트리, 다 밝힐 수 없는 관계의 맥락 위에서 편지는 쓰입니다. 그것이 일반적인 글에서 쓰일 수 없는 문체를 끌어낸다면 즐거운 일이 되겠지요.

저는 편지에서 늘 조금 더 서슴없습니다. 건방지고요. 생각 없는 사람처럼 아무 이야기나 합니다. 그런 이야기를 들으며 여러분도 조금은 스스럼없이 어떤 이야기를 꺼냈으면 하는 마음에서요. 그리고 까부는 것이 마냥 즐거워서이기도 합니다. 평소라면 '내가 감히'라는 생각 뒤로 숨어버렸을 이야기들을 일단 꺼내봐요. 문자가 된 그것은 아주 가끔 잘서 있고 대부분은 어쭙잖은 모습입니다. 말하지 않는 편이 나았다 싶을 때도 있어요. 다만 저는 늘 편지에서 누군가를 힘차게 응원하고 있습니다. 부정할 수 없이 치어리더예요. 동시에 일수꾼이고, 연인이에요.

편지를 쓰는 긴 시간 동안 실제로 힘찬 날들도 있었지

만 대부분은 살고 싶지 않다고, 단 한 글자도 더 쓸 수 없다고 느끼는 날들이었습니다. 이 자리에 앉으며 여러분이 모르는 무언가를 제가 알려드릴 수 있다고 생각한 적은 단 한 번도 없었습니다. 그럼에도 편지를 못 쓰겠다고 생각한 적은 없습니다. 한없이 뒷걸음질하다가도 편지 속에서 저는 늘 다음 걸음을 딛었습니다. 비관적인 나, 우울하고, 슬픈 나는 일순에 합죽이가 되고, 불현듯 미친 사람처럼 현란한 막춤을 추기 시작합니다. '쟤 엄청 신났나 보다' 싶을 정도로 열정적으로 춥니다. 미친 사람이 어느 순간 조금 경이로워 보이고, '나도 따라 출까?' 하는 생각이 들 때까지요. 쓰는 일이, 사는일이 쉬운 듯이 말합니다. 그 목소리에는 어떤 거짓도 없어요. 이 편지는 그런 저를 어김없이 불러냅니다. 마르지 않는 씩씩함과 따듯함을 가진, 저를 겨우 1퍼센트 정도 점유한, 바로 그런 나를 불러와 앉힙니다. 그것이 제가 편지 쓰는 일을 사랑하는 이유입니다.

하지만 사실 우리가 지금까지 쓴 글이 모두, 나에게 쓰는 편지가 아니었을까요. 그저 즐겁게 한번 상상해보면 좋을 것 같습니다. 지금으로선 먼 미래로만 느껴지는 1년 뒤의 나를요. 가능하면 내가 원하는 방식으로, 조금 더 부풀려서, 이왕이면 신나게 말입니다. 오늘을 보내는 나와 내년의 오늘을 보내는 내가 다르면 얼마나 다르고, 같으면 얼마나 같을까 하면서요. 언젠가는 당도하게 될, 내년의 내가 어떤 모습일지 점쳐보는 것. 꽤 즐겁지 않을까요. 그때의 나는 지금 일어나는 일들을 얼마나 기억하고 있을까요. 지금 내가 고민하는 것들, 기뻐하는 것들, 기대하고 실망하는 것들에 대해 어떻게 생각할까요. 우리는 어쩔 수 없이, 나와의 관계에 대해 말해봐야 할 것 같습니다. 나는 나에게 어떤 사람일까요? 우리는 우선 편지를 보내놓고, 미래로 뚜벅뚜벅 걸어가봅시다. 아마도 그날의 나는 생각보다 빨리 올 것이고, 분명히 내 예상을 모두 빗겨간 모습일 거예요. 우스운 생각일지는 몰라도, 편지를 미리 보낸다면 어쩐지 그때까지는 무사히 살아 있을 거라는 알 수 없는 믿음이 듭니다. 설명하고 보니까 일종의 기도, 부적을 쓰는 것 같기도 하네요. 미래의 나와 시간을 넘어 잠시 이어져봅니다.

　로베르트 발저는 제가 가장 좋아하는 작가입니다. 그의 저서 《산책자》는 제가 글에 흥미를 잃을 때마다 돌아가게 되는 책입니다. 양장본이라 얼마나 다행인지 몰라요. 그렇지 않았다면 이 책은 벌써 글자를 알아보기 힘들 정도로 닳았을 것 같습니다. 모든 글을 사랑하지만 그중에서도 편지라는 형식을 재미있게 실험한 〈한 시인이 한 남자에게 보내는 편지〉

를 소개하고 싶어요. 왜 이걸 읽을 때마다 발저가 스스로에게 편지를 쓴 것 같은 느낌이 드는지 모르겠어요. 저는 이 글을 좋아해서 옮겨 적어보기도 했는데요. 적다 보니까 또 독자인 저에게 보내는 편지 같은 거예요. 수신인도 발신인도 아님에도 왠지 모를 절절한 위로를 받은 기분이었습니다.

 왠지 발저는 깊은 슬픔에 오래 빠져 있다가 이 글을 쓰기 시작했을 것 같아요. 사람을 안 만난지 몇 달은 지났을 즈음에요. 그리고 어쩐지 소리 없는 미소를 얼굴에 띤 채 이 글을 완성했을 것 같습니다. 그가 말한 것처럼 '웃고 장난칠 기회'가 그에게는 글이 아니었을까 생각해봅니다. 저는 이토록 치열하게 외롭고 혼자이며 열정적인 발저가 정말 좋아요. 우리가 실제로 만났다면 절대 친구가 되지 못했을 것 같아요. 그래서 그가 글로서 제 곁에 머물러주는 것이 얼마나 고마운지 모릅니다. 그의 글을 읽으면 슬픔에 잠기다가도 금방 깔깔 웃어요. 그리고 어김없이 또 다시 펼쳐보게 됩니다. 이 책 자체가 거대한 산책길 같달까요.

 지난 숱한 밤 동안 그래온 것처럼 저는 여러분에게 편지를 씁니다. 그리고 이제 맺으려고요. 맺어야지만 다시 시작되는 것들이 있겠지요. 한 사람이 작게 터뜨린 웃음과 울음이 넓게 번질 수 있는 곳, 서로를 위한 이렇게 진중하고 아름다운 언어가 오가는 곳, 어디서도 쉽게 들을 수 없는 이야기와 연대로 이어지는 곳. 여러분과 함께 쓰는 순간 순간, 고개를 들 때마다 이 순간이 영원하지 않을 거라는 생각에 슬퍼질 때마저 있었습니다. 모든 것이 영원하지 않다는 사실은 새롭지 않은데도요. 그저 이런 순간을 계속해서 새로 발생시키고 싶다, 투명하고 깊게 겹겹이 포개어놓고 싶다, 바람에 춤추는 비눗방울처럼 터질 걸 알면서도 겁 없이 다시 태어나고 싶다, 생각했던 것 같습니다. 그러니 우리는 계속 헤어지고 만나봅시다. 문장에는 신묘한 힘이 있다는 것, 아시죠? 쓰는 대로 이루어지리라. 여러분의 미래에서 어떤 편지가 왔는지, 저에게만 살짝 귀뜸해주세요. 안녕!

당신의 발신인으로부터

쓰기로 마음먹은 당신에게

ⓒ 양다솔, 2025

초판 1쇄 발행 2025년 6월 24일
초판 2쇄 발행 2025년 9월 30일

지은이 양다솔
펴낸이 유강문
편집1팀 이연재 김진주
마케팅 김한성 조재성 박신영 김애린 오민정 우지윤

펴낸곳 (주)한겨레엔 www.hanibook.co.kr
등록 2006년 1월 4일 제313-2006-00003호
주소 서울시 마포구 창전로 70 (신수동) 화수목빌딩 5층
전화 02-6383-1602~3 ㅣ **팩스** 02-6383-1610
대표메일 book@hanien.co.kr

ISBN 979-11-7213-274-3 03810

• 책값은 뒤표지에 있습니다.
• 파본은 구입하신 서점에서 바꾸어 드립니다.
• 이 책의 일부 또는 전부를 재사용하려면 반드시 저작권자와 (주)한겨레엔 양측의 동의를 얻어야 합니다.